ERNEST GEGOUT

Les Parias

VIE ANECDOTIQUE DES ENFANTS ABANDONNÉS

Placés sous la tutelle de l'Assistance publique

PARIS

BUREAUX DU JOURNAL *L'ATTAQUE*

16, RUE DU CROISSANT, 16

—

1898

LES PARIAS

VIE ANECDOTIQUE DES ENFANTS ABANDONNÉS
PLACÉS SOUS LA TUTELLE DE L'ASSISTANCE PUBLIQUE

EN PRÉPARATION :

Le Capitaine Augustin Gegout (de l'Épopée).
Tempêtes et Accalmies.
Vandémont et Vézelise (A travers les âges).

Original en couleur

NF Z 43-120-8

ERNEST GEGOUT

Les Parias

VIE ANECDOTIQUE DES ENFANTS ABANDONNÉS

Placés sous la tutelle de l'Assistance publique

PARIS

BUREAUX DU JOURNAL *L'ATTAQUE*

16, RUE DU CROISSANT, 16

—

1898

PRÉFACE

EN FAVEUR DES PETITS

Oh! pas de ceux qui gambadent au vent et le nez piqué dans le poil de lapin ou de castor, dévalent, joyeux, sans souci de la froidure, tout le long des graves et riches avenues ou des joyeux boulevards, mais des malheureux que la misère populaire abandonne, forcément et à la dérobée, sur les grandes voies publiques, à la nuit tombante, sous les arches des ponts, à l'angle des rues, sous les portes cochères des bourgeois, derniers seigneurs du temps.

Ceux-là, seuls, m'intéressent. Ils sont les éternels semés de cette race errante et libertaire qui engendra les Bagaudes, les Jacques et les ribaud-nuds : les opprimés enfin, dont les révoltes nous affranchirent.

Des siècles de civilisation ont passé sur notre pays de Gaule et n'ont pas doré le moindre coin de leur dénuement légendaire ; aujourd'hui comme en l'an 1717, il ne se passe pas de jour sans que l'un de ces pauvres produits anonymes de notre humanité ne vagisse, égaré, dans quelque ombre discrète de cette grande cité qu'Hugo, le père aux violentes antithèses, surnomma sardoniquement, je veux le croire, la Ville-Lumière.

En décrivant anecdotiquement leur douloureux calvaire, je ferai le procès de la tutelle administrative, inintelligente ou volontairement aveugle, sous laquelle ils s'acheminent, par de douloureux cahots, vers leur majorité.

Jusqu'à ce jour, malgré les regrettables abus, révélés à tout instant, de rares personnes seulement, mais dépourvues de prestige officiel, ont osé combattre les agissements de la puissante administration de l'avenue Victoria — petit ministère non classé, mais plus résistant que celui de la place Beauvau, entre autres — et dénoncer l'incroyable incurie, l'invraisemblable aveuglement du service de contrôle créé par le ministre pour veiller au bon fonctionnement des divers rouages administratifs placés entre les mains du potentat de l'Assistance.

La presse, sans distinction d'opinion, avec un empressement que l'on ne saurait trop louer, a enregistré, dès qu'elles se sont élevées, les protestations indignées des philanthropes ; le public, lui, a crié : haro ! sur les persécuteurs, sur les fonctionnaires insouciants, sceptiques, souvent inhumains, il a réclamé des enquêtes officielles, il a sommé les pouvoirs constitués, les élus, les députés et les conseillers généraux du département de la Seine de faire des exemples — ces derniers, surtout, qui ont entre leurs mains toute possibilité de contrôle, qui ont droit d'inspection, qui, lorsque le souci leur en vient, peuvent examiner les rapports faits sur le service hospitalier, en vérifier les comptes budgétaires. Puis, les plumes se sont lassées, la voix publique s'est tue, les élus n'ont voulu rien voir, et l'Assistance, qui, durant le vacarme de réprobation, avait fait la sourde oreille, s'est tâtée, et, ne se trouvant rien de cassé après l'avalanche, toute guillerette a continué son petit bonhomme de chemin, en se disant :

« Encore une souleur passée ! Me voilà débarrassée pour un moment de tous ces braillards ! »

Je vais donc essayer, à nouveau, de secouer sa torpeur, en mettant sous les yeux du public les mille et un abus qui se pratiquent sous le couvert de ses règlements élastiques.

E. G.

LES PARIAS

LES ENFANTS ASSISTÈS. — ROUAGES DU SERVICE

L'Administration de l'Assistance publique de la Seine, sorte de petit état dans l'État, dont l'action souvent fort mal éclairée rayonne sur une quarantaine de départements et sur une large partie de l'Algérie, a toujours joué un rôle important durant les périodes électorales.

Ce rôle, je me hâte de le dire, avec une franchise que ma longue expérience du fonctionnariat a totalement dépouillée d'artifice, n'a jamais été bien digne des louanges de l'électorat.

La puissante administration sur laquelle règne l'indifférent et paisible Directeur général — créature politique, — mais que, seuls, gouvernent quelques vieux ronds-de-cuir, plus ou moins éclairés, plus ou moins impartiaux, — plutôt moins que plus, il me sera facile d'en donner mille preuves, au cours de cette critique sur ce service, si inhumain entre tous, — la puissante Administration, dis-je, peut, grâce à son armée de fonc-

tionnaires dispersée sur tous les points de la France,
faire changer, à sa guise, le sort des batailles électorales.

Le nombre d'électeurs sur lesquels elle exerce son
influence, auxquels, même, elle ne se prive pas de *dicter
son veto*, est chiffrable à plusieurs centaines de mille.

Songez donc à la puissance de ses agents :

Directeurs de circonscriptions provinciales englobant
parfois deux ou trois arrondissements, et ces circonscriptions à l'heure actuelle sont au nombre de trente;

Directeurs des services hospitaliers ;

Directeurs des colonies pénitentiaires ;

Directeurs des colonies agricoles et industrielles ;

Directeurs et directrices de stations sanitaires, pour
enfants anémiques, scrofuleux, atteints de la teigne, de
maladies de peau, de cécité, de toutes ces affections
héréditaires qui découlent fatalement d'une suite de
générations de misérables, de ventre-creux, de déprimés
et d'opprimés ;

Chefs des services médicaux, comprenant plus de
quatre cents docteurs ou officiers de santé, pour lesquels
le titre officiel de médecin de l'Assistance publique est
la meilleure des réclames, titre que tous ambitionnent,
quémandent et conservent jalousement une fois acquis;
car il n'est pas de salut pour le médicastre, je veux dire
de situation lucrative, sans l'estampille de l'Assistance
dans les départements qu'elle peuple de ses petits
enfants assistés et abandonnés ;

Instituteurs et institutrices congréganistes et laïques,
— et combien nombreux! — soumis à son contrôle et

subissant peu ou prou son influence, victimes souvent de ses fluctuations politiques, ou de son arbitraire incohérent.

Enfin, l'innombrable armée du personnel nourricier vis-à-vis duquel l'Assistance est loin de se montrer impartiale. Elle entend bien, la Grande Dame, que tout ce monde de laborieux et d'honnêtes campagnards qui ramassent — et à quel prix ! — les quelques miettes de l'énorme gâteau que dévorent avidement les cupides budgétivores de ses bureaux, fassent montre d'une docilité absolue et suivent, au doigt et à l'œil, l'étroit sentier rempli de cailloux, de chardons et de tessons de bouteilles que lui tracent ses arrêtés.

Viennent encore les patrons chez lesquels les enfants assistés et abandonnés sont placés à leur sortie de l'école, c'est-à-dire à partir de la treizième année : artisans, commerçants, industriels, cultivateurs, bourgeois, citadins, etc., etc.

Et pour surveiller cette nuée d'agents secondaires, de médecins, de chefs de services médicaux, d'exploitations agricoles et de colonies pénitentiaires, de nourriciers, de patrons, une vingtaine de fonctionnaires de qualité, hardis et puissants personnages à petits pieds, mais à très larges chaussures, qui écrasent impitoyablement ceux qui osent relever la tête et refusent de se plier au capricieux bon plaisir de l'Administration hospitalière.

Ces hauts barons du fonctionnarisme central, ce sont les contrôleurs généraux relevant directement de l'Assistance publique qui les nomme elle-même; puis les inspecteurs du service des Enfants Assistés du département de la Seine, relevant, eux, du préfet, et nommés par le ministre de l'intérieur. Ces derniers ont pour mission, non seulement de contrôler le service de tous les agents et chefs des services départementaux de l'Assistance, mais aussi de surveiller l'action des bureaux centraux — et lorsqu'ils ne sont pas de vulgaires ambitieux, prêts à sacrifier toute dignité pour obtenir de l'avancement; lorsqu'ils ne se montrent pas aussi arrogants et durs envers les humbles que rampants devant le directeur général, ils en voient de raides, vous pouvez me croire; ce ne sont ni des lilas, ni des roses qui tapissent leurs pas dans leurs pérégrinations inspectoriales. J'en parle savamment, ayant exercé moi-même ces hautes fonctions durant six années, après lesquelles, fort écœuré et las de la stérilité d'une lutte contre le mauvais vouloir directorial, l'ignorance, la mauvaise foi des bureaux, l'apathie du préfet et l'indifférence du conseil général, j'ai donné ma démission, afin de ne pas compromettre, plus longtemps, ma responsabilité.

L'inspecteur a un très beau rôle à remplir. Désigné par le ministre, il parcourt toutes les agences, surveille tout, sert d'arbitre entre le directeur départemental et les enfants, les nourriciers, les médecins et les patrons. Il est l'obstacle que devrait toujours rencontrer sur sa route le « laissez-faire » administratif.

Son rôle doit être paternel. Hélas! il n'est que nul, lorsqu'il n'est pas pernicieux.

Placé entre l'enclume : l'Administration de l'avenue Victoria, qu'il contrôle, et le marteau : un préfet qui tient à sa tranquillité et pour ce, évite tout conflit avec le puissant directeur de l'Assistance publique, et aussi un ministre qui a bien d'autres chats à fouetter que les petits chatons ronds-de-cuir du bord de l'eau, l'inspecteur n'ose souffler mot. S'il lutte, il ne sera soutenu par personne; par contre, il sait qu'il sera combattu par tout le monde, alors,... alors, il se tient coi. Il ne voit rien, il n'entend rien, il ne veut rien savoir. La vérité lui coûterait gros, et, le sachant, il se contente de remplir ses rapports d'insignifiances, de rapsodies comme la lune et d'affirmations à la Canrobert.

Et le conseil général de la Seine, qui a cependant la haute main sur tout ce monde, auquel incombe la tutelle de la petite armée infantile, qui dispose du budget du service hospitalier, absorbé par la politique ou plutôt pour sauvegarder ses intérêts politiques, met au panier, sans les lire, les rapports insipides des insipides inspecteurs!...

De grands et riches départements restent ainsi à la merci des messieurs de l'Assistance. Des populations de braves travailleurs sont obligées de se soumettre à leur despotisme.

Tel, ce beau et si intelligent département de la Nièvre, véritable pépinière de robustes et saines nourrices dont les puissantes mamelles redonnent, chaque année, force et vie à des milliers et des milliers de nouveau-nés abandonnés.

Eh bien! je vous dirai de quelle façon on reconnaît et récompense leur maternel dévouement, leur humanitaire abnégation.

Sont à la charge du Budget départemental :

1° Les enfants trouvés, c'est-à-dire ceux qui, nés de père et mère inconnus, ont été trouvés exposé dans un lieu quelconque ;

2° Les enfants abandonnés, c'est-à dire ceux qui, nés de père et mère connus et d'abord élevés par eux ou par d'autres personnes à leur décharge, en sont délaissés sans qu'on sache ce que les père et mère sont devenus ou sans qu'on puisse recourir à eux ou à leurs ascendants.

Sont assimilés aux enfants abandonnés, les enfants de prévenus, accusés ou condamnés jusqu'à la fin de la détention préventive ou à l'expiration de la peine. Si le père ou la mère seulement est détenu, l'enfant reste à la charge de celui des deux qui reste en liberté ;

3° Les orphelins pauvres.

Doivent être compris dans cette catégorie, les enfants qui, n'ayant ni père, ni mère, ni ascendants en état de les secourir, n'ont aucun moyen d'existence ;

4° Les enfants nés hors mariage, c'est-à-dire les enfants naturels ;

5° Et par exception les enfants légitimes appartenant aux communes rurales du département de la Seine, lorsqu'il sera constaté que les ressources locales ne permettent pas de leur venir en aide.

Sont à la charge du Budget hospitalier :

Tous les enfants indigents qui ne peuvent être classés dans une des catégories précédentes.

Ces secours ne sont alloués qu'après une enquête

à domicile, ayant pour effet de constater la position des familles.

Un règlement spécial détermine les attributions et les devoirs des enquêteurs attachés au service des secours.

L'ABANDON

Philanthropes, législateurs, public se préoccupent fort, depuis plusieurs années, de la question du *rétablissement des tours*, invariablement posée à chaque législature et toujours pendante.

D'aucuns opinent pour le rétablissement; d'autres le combattent avec une argumentation nourrie et une obstination inlassable.

Le différend est fort épineux, difficile à trancher.

Or, comme, en somme, il intéresse surtout le grand public, c'est-à-dire la masse besogneuse, je ferai utilement ressortir, en des chapitres spéciaux, les avantages et les inconvénients des deux pratiques d'abandon usitées jusqu'à ce jour.

Tout d'abord, je puis donner cette affirmation basée sur l'expérience, l'observation quotidienne durant les six années de mon fonctionnariat :

Si le tour est une sécurité morale pour la mère, il est un danger physique pour l'enfant. En le supprimant, nos législateurs modernes, n'en déplaise à M. de Lacretelle, ont fait acte de clairvoyants humanistes.

Deux systèmes d'abandon sont préconisés avec même ardeur et même conviction :

1° L'abandon « déclaré », accompagné de sommaires

formalités néanmoins, pour garantir à la mère le retour de son enfant lorsque luiront, pour elle, des jours meilleurs, lorsque, surtout, l'Assistance publique se sera assurée qu'il n'y a nul péril moral à lui restituer sa tutelle;

2° L'abandon « sans phrase » par le tour, brisant irrémédiablement le lien familial, enlevant toute espérance de revoir au cœur maternel.

Le premier est en vigueur, défendu par l'Administration, ses directeurs, inspecteurs, contrôleurs, médecins, car il a rendu, rend encore journellement d'heureux résultats.

Le second est surtout combattu par les adversaires politiques de l'Assistance, et la Commission législative nommée pour l'étudier l'a repoussé à la majorité, durant la précédente législature.

Procédons par ordre. Voici les principaux articles du règlement actuel appliqué à l'hôpital de la rue Denfert-Rochereau :

Art. 5. — Toute personne qui présentera un enfant, en vue de l'abandonner, sera interrogée confidentiellement sur l'origine de l'enfant, sur la personne qui lui aura confié la mission de l'apporter, sur les causes de l'abandon, etc...

Les dossiers d'origine de chaque enfant seront tenus secrets, et il est formellement interdit aux divers agents et employés du service d'en révéler aucun détail.

Art. 6. — Les enfants nés de père et de mère inconnus seront reçus, savoir : 1 les enfants qui auront été trouvés exposés dans un lieu quelconque sur la remise d'un procès-verbal constatant l'exposition de l'enfant et les circonstances de temps et de lieu où il aura été trouvé, etc...; 2º les enfants portés directement à l'hospice sur la présentation de l'acte de déclaration de naissance faite à l'officier de l'état-civil, par les personnes désignées en l'article 56, constatant que l'enfant est né de père et de mère inconnus.

Art. 7. — L'employé chargé de la réception devra faire ressortir les conséquences de l'abandon et s'efforcer de déterminer l'acceptation d'un secours de nature à en prévenir l'effet.

Art. 8. — Une enquête sera immédiatement faite par les soins du directeur de l'Assistance publique pour établir le droit aux secours. L'immatriculation devra être accomplie dans le délai de trois jours, à partir du moment de l'admission de l'enfant, à moins d'empêchement absolu.

Art. 9. — Les enfants abandonnés seront reçus sur la production d'un acte de notoriété, dressé dans les communes rurales par le maire, et à Paris par un commissaire de police constatant l'absence ou la disparition des père et mère et affirmant qu'il n'existe aucuns parents ou amis qui veuillent ou qui puissent s'en charger.

Art. 16. — L'enfant une fois admis sera inscrit sur un premier registre tenu par ordre de date et de numéro.

Art. 17. — Une médaille provisoire portant un numéro d'ordre correspondant au registre d'inscription sera immédiatement attachée au cou de chaque enfant.

Art. 18. — Les renseignements consignés au registre d'entrée seront ensuite reportés sur un registre matricule qui contiendra l'espace nécessaire pour recevoir toutes les indications relatives à l'enfant.

Notons en passant et par gradation les intermédiaires par lesquels se font les abandons : mères, nourrices, sages-femmes, pères, hôpitaux, préfecture de police, divers.

Mais toujours, on le voit, le secret de la défaillance ou de la misère du dépositaire est scrupuleusement respecté.

Avec le système de l'abandon déclaré, tel qu'il est pratiqué actuellement, l'obligation du bulletin de naissance, si combattue, cependant, par le Conseil général de la Seine offre de tels avantages que le service des Enfants-Assistés n'a jamais cessé d'en réclamer la stricte application ; et voici quelles sont les raisons qu'il objecte à l'appui de son opinion :

« La suppression du bulletin de naissance obligatoire
« enlèverait à l'enfant l'espoir d'être recherché par sa
« mère ou celui de la retrouver. Cet enfant peut avoir
« des frères et des sœurs, s'il est aîné d'orphelins ou
« fils aîné de femme veuve, il lui sera impossible, en
« l'absence d'état civil régulier, de faire valoir les
« droits que cette situation lui confère. En l'absence
« de pièces, des mariages pourraient se conclure entre
« frères et sœurs. Enfin le bulletin de naissance et les
« questions posées à la mère constituent une garantie
« contre les substitutions d'enfants. Cette garantie dis-
« paraîtra en même temps que l'obligation de produire

« un état civil, et l'hospice qui recueillera les enfants
« n'aura aucun moyen de savoir si la personne qui les
« apporte est bien leur mère, si elle ne les a pas déro-
« bés, ou si elle ne s'acquitte pas d'une commission
« pour le compte d'une autre personne. Il se créera
« une industrie pour réaliser le placement des enfants
« dont on voudra se débarrasser. Et il pourra arriver
« que l'Administration soit poursuivie un jour devant
« les tribunaux et peut-être condamnée comme com-
« plice de larcins d'enfants qu'elle aura reçus sans
« contrôle. »

Divers rapporteurs de la Commission du service des
Enfants-Assistés à l'Hôtel-de-Ville répliquent :

« Si l'Administration ne doit rien négliger pour établir
« l'état civil de l'enfant, elle n'a pas le droit de refuser
« un abandonné parce qu'il est anonyme. La garantie
« du secret ne dût-elle servir qu'à éviter un infanticide,
« un avortement, ce n'en serait pas moins à nos yeux
« l'argument supérieur, devant lequel fléchissent toutes
« les autres considérations. C'est une vie d'enfant qu'il
« faut sauver à tout prix, même si l'abandon ne peut
« se faire que dans les conditions où il aurait lieu par
« le tour. Il vaut encore mieux accueillir un enfant
« abandonné anonyme à l'hospice dépositaire que le
« ramasser au coin d'une borne, dans un lieu solitaire,
« sur la voie publique. Aussi la 3e Commission recom-
« mande expressément à l'Administration de ne pas
« faire du bulletin de naissance une condition *sine qua*
« *non* pour l'admission; une affiche apposée sur le mur
« de la salle d'attente devra faire connaître que, si les

« personnes qui font un dépôt doivent donner le plus
« grand nombre de renseignements utiles et fournir un
« bulletin de naissance dans l'intérêt de l'enfant, aucune
« de ces formalités n'est obligatoire et que le dépôt
« peut avoir lieu *à bureau ouvert et sous la garantie*
« *du secret absolu.* La personne préposée à l'admission
« (ces délicates fonctions sont remplies le jour par une
« de nos anciennes dames visiteuses) ne manquera pas,
« au début de chaque interrogatoire et après avoir fait
« connaître toutes les conséquences de l'abandon, de
« renouveler cette déclaration que l'admission aura lieu
« de toute manière et en tout état de cause. Le conseil
« général sera d'ailleurs appelé à émettre un vote con-
« forme, afin de dissiper dans l'avenir une équivoque
« qui n'aurait pas dû se produire. »

RUE DENFERT-ROCHEREAU. — LE DÉPOT

Le chômage qui de jour en jour réduit la classe ouvrière à la portion congrue — heureusement encore,
quand il ne la supprime pas complètement, — la noire
misère, les maladies qui en sont les inévitables conséquences, toutes ces calamités passées à l'état endémi-
que dans chaque nation du monde civilisé, sont pro-
duites par le développement rapide du machinisme agri-
cole et industriel depuis un quart de siècle.

La machine refoule journellement de l'atelier, de la
fabrique, de l'usine, des milliers et des milliers d'ouvriers, hommes, femmes et enfants, voués dès lors et
fatalement à toutes les bourrasques de l'adversité.

Et cependant, il faut que ces expulsés non du Para-
dis, mais de l'Enfer du travail, où ils gagnaient encore
assez pour se *caler les joues*, suivant la pittoresque
expression populaire, trouvent de quoi vivre, il faut
aussi que, comme vous et moi, ils goûtent les douces
joies du mariage et que, comme vous seuls, cette fois —
car moi, j'y ai renoncé, ayant déjà cet âge grincheux
qui ne favorise pas beaucoup l'élevage infantile — ils
songent à la repopulation du pays.

Que deviendrions-nous, Dieu des Armées! si la classe
ouvrière, imitant la classe bourgeoise, renonçait à la

reproduction? Que deviendrions-nous devant les tranche-lard des féroces Outre-Vosges et les dents longues des Anglo-Saxons !

Or, la reproduction diminue d'une façon plus qu'inquiétante. Consultez les statistiques.

Ne gagnant qu'un salaire dérisoire, travaillant, en moyenne, trois jours par semaine, la classe ouvrière est cependant surchargée d'enfants.

Et lorsque l'impossibilité de les nourrir est absolue, acculés au sacrifice, la mère de famille, la fille-mère vont déposer leurs petits à l'hospice des Enfants-Assistés de la rue Denfert-Rochereau.

Avec le tour, ce sacrifice était sans remède, autrefois. L'enfant sortait de la famille pour n'y jamais rentrer et renforçait le bétail humain préparé pour les grandes boucheries internationales. Ainsi le voulait le décret de 1811, dicté par les situations excessives d'alors. Le législateur moderne a compris qu'il était cruel de spéculer ainsi sur le malheur public et il a laissé à la misérable que le désespoir, le manque de ressources poussent vers l'asile des Enfants-Trouvés, la possibilité de retrouver un jour celui qu'elle confie à la tutelle administrative.

Le dépôt de l'enfant se fait régulièrement. Le secret de la défaillance ou de la misère du déposant est scrupuleusement gardé. Nulle indiscrétion n'est à redouter, nulle démarche administrative tendant au contrôle des déclarations volontaires n'a lieu, et j'avoue que cette dernière et excessive réserve me paraît fort respectable.

L'enfant aussitôt reçu est inscrit sur le grand registre des arrivants, ouvert jour et nuit, en toute saison. On l'immatricule, à la suite. Le numéro d'ordre est mentionné sur le livret qui désormais suivra l'accueilli dans toutes les étapes de sa vie jusqu'à sa majorité ; gravé aussi sur une petite médaille suspendue à un collier formé d'une ganse en soie, recouverte de dix-sept olives, qu'il devra constamment porter à son cou, jusqu'à sa sixième année révolue (1). Ce chiffre est révélé à la personne, seule, qui fait l'abandon du bébé. C'est là tout ce qu'elle conservera de lui, mais cela *seul* est suffisant. Le matricule permet à la famille de se rensei-

---

(1) *Instruction sur le collier que doivent porter les Enfants jusqu'à 6 ans révolus.*

Tout Enfant mis en nourrice par l'hospice des Enfants-Assistés, s'il n'a pas accompli sa sixième année, doit être porteur d'un collier destiné à constater son individualité.

Ce collier est formé d'une ganse en soie recouverte au moins de 17 olives en os ; il est fermé par une boîte en argent et porte, suspendue au milieu, une médaille également en argent indiquant l'année et le numéro d'admission de l'enfant.

L'élève doit conserver ce collier jusqu'à 6 ans révolus ; à cet âge, le collier sera coupé par le directeur de l'agence ou le médecin de l'Administration. Pour remplacer ce signe, il sera dressé, en présence du maire de la commune, le procès-verbal ci-contre constatant la rupture du collier et constatant le signalement de l'élève.

Dans le cas où quelque cause grave, pouvant compromettre la santé de l'élève, obligerait à couper le collier avant l'âge ci-dessus déterminé, cette cause devra être constatée avec soin au procès-verbal.

Quand l'enfant sera décédé avant l'âge de 6 ans, le collier ne devra être coupé qu'après la constatation du décès ; ce collier devra, dans tous les cas, être remis par le nourricier au directeur de l'agence, sous peine d'en payer la valeur suivant le tarif.

Tout nourricier cesse d'avoir droit au payement des mois de nourrice et peut même être poursuivi par l'Administration, si le collier de l'enfant a été enlevé sans procès-verbal.

Les directeurs d'agence sont personnellement responsables envers l'Administration de tout payement fait pour des enfants dont le collier, aurait été indûment coupé, ainsi que de la valeur des vêtures qui auraient été délivrées à ces enfants.

gner mensuellement sur le sort du malheureux petit
être que les rigueurs du sort ont arraché à sa tendresse ; il lui conserve l'espoir certain de le retrouver
un jour, de reconquérir enfin — mais après enquête
préalable et avis favorable de l'Administration — les
droits de tutelle que son acte d'abandon lui a logique-
ment enlevés.

Et cet espoir, lueur sacrée que nulle tempête ne saurait éteindre au cœur de la femme même la plus dépra-
vée, est le baume le plus puissant pour apaiser les hor-
ribles angoisses de la séparation.

Avec le tour, nulle possibilité de retrouver l'enfant.
Le hasard seul, en de rares circonstances, remettait la
famille sur les traces de l'abandonné.

Aujourd'hui, quand les calamités, les tribulations ont
déblayé le ciel des déshérités, quand une éclaircie subite
illumine leur pauvre foyer d'une espérance certaine
de beaux jours, l'asile de la rue Denfert-Rochereau
entr'ouvre aussitôt ses portes hospitalières et l'enfant
tout joyeux rentre au sein de sa famille.

Néanmoins, ce système de dépôt, déjà bien préférable
à celui du tour, est loin d'être parfait.

Un de ses graves inconvénients, que j'ai signalé vingt
fois à l'insouciante et paresseuse Administration, c'est
de ne pouvoir fournir, sur l'enfant adopté, aucun rensei-
gnement familial propre à l'éclairer sur l'atavisme et
les maladies héréditaires, dont l'hospitalisé a probable-
ment les germes.

Les privations, l'excès de travail, aussi les vices qui
se développent si rapidement dans les milieux maladifs,

ne sont pas les facteurs les plus favorables de la régénération.

Les enfants nés de parents usés par les excès de travail, minés par les maladies de toutes sortes, souvent abrutis par l'ivrognerie, ne sauraient naître indemnes.

La plus redoutable des affections héréditaires est, certainement, la syphilis.

Comment la découvrir dès les premiers jours de la naissance du bébé ?

Problème bien ardu, à la solution duquel nombre de médecins du service se sont, vainement, attelés jusqu'à présent.

La vaccination elle-même, qui secoue tout l'organisme frêle de l'enfant, ne trahit aucun secret.

Lors, l'Administration ne va qu'en tâtonnant, et ses tâtonnements ont, souvent, de terribles arrêts !

Les arrivages de nourrices sont journaliers à l'hospice des Enfants-Assistés ; les mères-nourricières y entrent immédiatement en fonctions.

Le bébé a l'apparence saine, il semble plein de jours. La nourrice est en joie et son lait — la vie ! — coule à flots entre les lèvres de l'enfant adoptif.

Chaque jour le médecin visite l'une et l'autre. Il y a un mois que cela dure ; rien d'anormal.

Et tout à coup, le sein de la robuste nourrice se couvre de taches singulières ; ses lèvres deviennent violacées, une roséole ceint son front ; elle perd l'appétit, n'a plus de forces. Le médecin a compris et défendu sur-le-champ l'allaitement.

La pauvre ! elle donnait la vie, sans compter ; elle a

reçu en échange la plus effroyable des contaminations. Assise entre elle et son nourrisson, la camarde ricane ! Presque toujours le bébé succombe ; et si la mère nourricière résista aux terribles ravages de la maladie, elle ne peut, toutefois, recouvrer la santé, irrémédiablement perdue.

Combien de ces exemples ai-je eus sous les yeux : à Saint-Léger, à Corancy de l'arrondissement de Château-Chinon, en Bretagne, en Bourgogne, en Picardie !

L'Administration indemnise. Mais quelle indemnité peut réparer de tels désastres humains ?

Soyez donc bien prudentes, braves nourrices bourguignonnes, morvandelles et bretonnes, c'est votre santé et celle des vôtres qui est en jeu ; puisque l'administration, qui vous paie si parcimonieusement, est encore si désarmée en face du péril journalier qu'elle vous fait courir.

Si, avec l'abandon déclaré, prudemment réglementé, de tels dangers subsistent encore, que serait-ce après l'adoption de l'abandon « sans phrase », c'est-à-dire par le tour !

LE TOUR ET SES DANGEREUSES CONSÉQUENCES

Une sorte de buffet rond, avec une ouverture sur un des côtés, en forme de niche. Ce buffet, encastré dans l'épaisseur du mur des hospices et monastères, tournait sur lui-même, à toute heure du jour et de la nuit.

Et lorsque l'abandon, la misère, la crainte du déshonneur public, ou toute autre calamité, poussaient la mère de famille, la fille délaissée et sans ressources, l'épouse adultère à se séparer du pauvre être auquel elle avait donné le jour — sans qu'il le lui eût demandé — le tour recevait discrètement le dépôt sacré. Nul ne connaissait le secret de cet abandon, nul n'en pouvait sonder les causes.

L'enfant une fois déposé dans la niche, la mère tirait un cordon, une cloche tintait dans l'asile. A ce signal, le tour pivotait sur lui-même; la niche, contenant l'abandonné, rentrait dans l'intérieur de l'hospice ou du monastère, où un perpétuel veilleur cueillait délicatement le nouveau venu, lui donnait sur-le-champ tous les soins que nécessitait son état, puis sans tarder l'incorporait dans la masse inchiffrable des anonymes, des sans-foyer, des sans-famille, dans cette armée des déshérités, des livrés à-tous-et-à-tout, qui a produit les

Jacques, autrefois, et, qui peuple, aujourd'hui, nos
Centrales des futurs amants de la *Veuve*...

Souvent un prénom, un chiffre, une loque, un ruban,
un signe héraldique restait attaché à la vêture du petit
être. Souvenir précieusement conservé, tenant lieu, aux
yeux du dépositaire, de parchemin de noblesse, de
nom patronymique. Faibles pièces à conviction suivant
l'enfant dans toutes ses dures pérégrinations à travers
ses jeunes ans et ne pouvant guère aider les siens à le
reconnaître, sinon dans les mélodrames de d'Ennery
et de Montépin !

— Or, disait M. de Lacretelle à la tribune de la
Chambre, ce mode de dépôt infantile, abandonné de
nos jours, était certainement préférable à celui qui est
mis en pratique actuellement :

Il garantissait à la malheureuse fille-mère, aux parents
appauvris, à la misérable qu'affolait la crainte d'une
réprobation publique, le secret intrahissable de sa
faute, de sa faiblesse, de son malheur.

— Parfait ! monsieur de Lacretelle ; ainsi allégée
de son fardeau, rassurée sur le sort immédiat de son
enfant, la mère, toute honte chassée, sinon tout senti-
ment maternel éteint, rentrait chez elle, la conscience
à peu près tranquille.

Eh bien ! croyez-vous, ainsi que vous l'affirmiez,
que, ce système rétabli, le nombre des infanticides
diminuerait dans de notables proportions ?

Et que tout repos moral ainsi gagné, la corde maternelle, toujours tendue au cœur de la femme, ne vibre-
rait pas un jour au souffle du ressouvenir ?

Si oui, comment alors, en pourra-t-elle calmer les douloureuses vibrations ?

A quel indice reconnaîtra-t-elle, après nombre d'années écoulées, l'enfant qu'elle aura jeté dans l'anonymat?

A quels moyens recourra-t-elle pour le ressaisir ?

Tous les abandonnés ne deviennent pas des d'Alembert.

Le génie n'est guère la layette supplémentaire des couche-tout-nus.

Encore a-t-il fallu que ce génie, que la misère pouvait étouffer dans sa couche, se développât bien vite et gravît bien haut pour que la belle marquise adultère en perçût quelque bruit et consentît à croire qu'elle seule eût pu lui donner le jour.

L'aventure est toujours belle à conter. Consolante surtout pour ceux qui ne connaissent point l'inépuisable désintéressement de ce grand calomnié : le peuple :

D'Alembert, couché dans une petite boîte en sapin, avait été trouvé sur les marches de Saint-Julien-le-Pauvre.

Une brave marchande de légumes, peut-être bien de marée fraîche — « sardines fraîches ! sardines nouvelles ! » — l'avait ramassé avec toutes sortes de précautions et déposé dans son tablier, comme elle eût fait d'une botte de carottes ou d'une demi-douzaine de merlans.

Et durant vingt-deux mois, nous dit l'Histoire, qui ne blague jamais, d'Alembert, — oh ! le goulaffre ! — avait sucé toutes sortes de bonnes choses de belles qualités, aux seins ronds, dodus et roses — comme seules en ont encore, en cette époque de décadence, les nourrices paysannes — de sa brave mère d'adoption. Aussi devint-il un écrivain célèbre, un géomètre incomparable, un des auteurs enfin de cette œuvre puissante, l'*Encyclopédie*.

Mais dès que ses travaux, ses qualités, son génie l'eurent révélé au public, sa maman naturelle, qui durant vingt et des années s'était contentée de le suivre de l'œil seulement, toute fière de la gloire acquise par son rejeton, vint dans sa chambrette le réclamer à sa nourricière.

— Je suis ta mère, la marquise de Tencin (1). Vite ! mon gros poulet, que je t'embrasse et t'emmène !

D'Alembert , qui possédait tout plein de bon sens, et gardait une éternelle reconnaissance pour la vaillante femme qui avait fait de lui un gars et un homme, ne voulut pas trancher le différend à la façon de Salomon — ce qui lui eût causé quelque ennui, attendu qu'il représentait le cas litigieux ; — il se contenta de répondre, doucement, à la grande dame :

— « Parole d'honneur
J'crois qu'vous fait's'erreur !

Ma seule, ma vraie mère, c'est ma grosse Françoise, ma nourrice, celle qui m'a sauvé, m'a élevé, celle à qui je dois tout ! »

(1) Claudine-Alexandrine Guérin de Tencin, femme de grande beauté, de talents agréables et de riche tempérament, eut d'Alembert de sa liaison avec le chevalier Destouches, dit *Canon*, parce qu'il était officie. d'artillerie ; ce galant avait succédé au Régent, à Dubois, au diplomate anglais Mathieu Prieor, à Marc-René d'Argenson. Claudine, on le voit, n'avait pas le lit solitaire, un vrai lit de milieu ! Comment ne pas faire un génie avec une telle collaboration !

Et la grosse nourrice Françoise, qui était peut-être bien de Corbigny en Morvan, de Saint-Malo ou de Paray-St-Césaire, en Lorraine, se gondolait de plaisir comme une petite baleine et pleurait des larmes plus larges que des pommes d'arrosoir !

Alors que la belle dame faisait un nez, oh ! mais un nez, dont on fit plus tard la trompe de l'éléphant du Moulin-Rouge !

Toute gloriole mise à part, certainement la mère naturelle de d'Alembert était heureuse de retrouver son enfant. La fibre maternelle n'était pas tout à fait insensibilisée.

La trouvaille de l'enfant est un des cas rares du temps des tours.

Le système d'abandon ou plutôt de dépôt de l'enfant, adopté depuis longtemps déjà, fait de cette exception une généralité.

Les femmes noires de la Côte d'Ivoire, celles de feu Behanzin, elles-mêmes, adorent leurs rejetons, pourquoi donc nos compagnes civilisées seraient-elles inaccessibles aux joies maternelles ?

Je me souviens d'une inspection à Varzy, dans l'arrondissement de Clamecy (Nièvre), au cours de laquelle je rencontrai la conjointe d'un pauvre artisan à laquelle nous avions confié deux mômichons, bien qu'elle en eût déjà douze pour son propre compte.

— Mais, brave femme, lui fis-je observer, ne craignez-vous pas que les charges soient excessives. N'avez-vous pas déjà trop d'enfants ?

— « Trop ! Ah ! Monsieur ne me dites pas de choses

pareilles ! Mais j'aimerais mieux encore en faire quatre que d'en perdre un !...»

Monsieur de Lacretelle, allez donc parler, à cette mère gigogne, du rétablissement des tours, si vous voulez faire connaissance avec le manche de son balai !

***

Enfin, un des moyens de prévenir les crimes contre l'enfance et de réduire le nombre des abandons, si lourds pour les budgets départementaux, c'est d'allouer un secours à domicile à la pauvre fille séduite qui, sans ressources, voit arriver, avec terreur, l'heure de sa *délivrance*. MM. les rapporteurs de la commission du service des Enfants-Assistés de la Seine, au Conseil général, maintes fois ont réclamé qu'avant son accouchement la fille-mère, l'ouvrière, la domestique séduite fût recueillie dans une maternité, où elle serait à l'abri de l'indiscrétion. Une pratique subsiste en Autriche, dit un des rapporteurs : « Quand une femme veut accoucher clandestinement, elle se présente voilée dans un hospice ou une maternité, et la condition exigée est la remise au directeur de la maison d'accouchement d'un pli cacheté contenant son nom et son adresse; ce pli est rendu à la sortie, et le directeur n'a le droit de l'ouvrir qu'en cas de décès de l'accouchée. »

Mon excellent ami Paul Strauss, sénateur de la Seine, qui si longtemps se fit une spécialité des questions relatives à l'Assistance publique, Paul Strauss, écrivain de talent en même temps qu'humaniste sincère et éclairé, ajoute :

« A cet effet, un de nos anciens collègues, M. le docteur Métivier, avait proposé l'ouverture d'hospices spéciaux destinés à recevoir les filles-mères deux mois
avant l'accouchement. Ce serait le moyen d'éviter à
ces malheureuses l'affolement qui les entraîne au
crime, et de prévenir à la fois l'infanticide ou l'avortement et l'abandon lui-même. Nous ne pouvons que
nous répéter à ce sujet, sans avoir la prétention d'exprimer une idée ancienne sous une forme nouvelle.
« Ces mesures protectrices, non seulement préservent
immédiatement l'enfant, mais le sauvent pour l'avenir.
Une grossesse misérable a pour conséquence de rendre
la mère impropre à nourrir son enfant. La pauvre
femme, dont le cœur se soulève à la pensée de perdre
le petit être sorti de son sein, est réduite à l'abandonner, à le confier à des soins mercenaires. Et même, si
elle tente l'effort de garder son nourrisson, elle n'a
pas de lait à lui donner. La maladie n'a pas grand'chose
à faire pour enlever le pauvre déshérité ! Combien de
ces malheureuses femmes quittent l'hôpital après leurs
couches, à peine remises de la pénible secousse, obligées pour se remettre au travail ou bien d'abandonner
leur enfant, ou bien de lui offrir un lait appauvri. C'est
pour ces mères que nous renouvelons le vœu de M. Lafabrègue et de M. Thulié d'ouvrir les portes d'hospices
de convalescence. Des secours en argent, des allocations de nourrice, et surtout des secours d'allaitement,
permettraient à ces femmes d'éviter l'abandon et de
sauver la vie du petit enfant. »

« Voilà, Messieurs, la série d'efforts qui s'imposent à

l'attention d'une démocratie soucieuse de ses devoirs
et de ses responsabilités. Le rétablissement du tour
n'est pas un remède. Cet ensemble de mesures préven-
tives et hospitalières doit servir à préserver et sauvegarder la vie des enfants du peuple ».

Mais la « série d'efforts » reste stérile et le Service
d'inspection des Enfants Assistés, indépendant de l'Assistance, continue *à émettre le vœu* que les femmes
enceintes soient secourues dans le dernier mois de leur
grossesse, lorsqu'elles ne peuvent plus travailler.

« Nous n'ignorons pas, dit-il, dans son rapport
annuel, que l'Administration, d'accord avec le Conseil
général, se préoccupe de fonder, dans ce but, des asiles
spéciaux ; la dépense inhérente à la réalisation d'un
pareil projet pouvant entraîner de longs retards, ne
serait-il pas possible de créer, d'ores et déjà, des secours dits « secours de grossesses » et de venir ainsi
en aide aux femmes dont s'agit ?

« Il ne serait pas moins utile, ce nous semble, d'ac-
corder les premiers secours à la maison même d'accouchement ; les abandons de 8 à 15 jours sont ceux qui
fournissent la moyenne la plus élevée, et l'on ne saurait nier que ces abandons sont, le plus souvent, pro-
voqués par la misère. »

Le temps passe et le *statu quo* reste !

RECRUTEMENT DES NOURRICES

Elles sont recrutées parmi les filles-mères et les mères de famille dans tous les départements où l'assistance publique de la Seine a créé des agences.

Certaines régions de l'Est et de l'Ouest fournissent plus facilement et en plus grand nombre ces mères-nourricières.

La Nièvre, la Côte-d'Or, Saône-et-Loire, l'Yonne, mais surtout la partie haute de la Nièvre, le Morvan, pays boisé, où la grande culture n'a pas encore mordu, offrent, dans la région Est, les plus riches stations de recrutement.

L'Ouest est assez bien favorisé aussi :

Le Loir-et-Cher, l'Ille-et-Vilaine, la Sarthe, le Morbihan sont de véritables pépinières à nourrices. Cependant, à mon avis, les éleveuses bretonnes sont loin de valoir celles du Morvan. Autant celles-ci sont robustes, propres sur elles et dans leur intérieur familial, dévouées à l'enfant et d'un dévouement éclairé, autant les premières sont négligées dans leur tenue et négligentes dans leur maison, ignorantes des lois de l'hygiène, sans souci pour les bébés à elles confiés.

Depuis vingt ans, les deux tiers de la population

féminine du Nivernais sont certainement venus à Paris, et maintes fois y sont revenus.

Car ce n'est pas comme à la ville, là-bas sur les hauts plateaux du Morvan, dans ces jolis petits villages, ces coquets hameaux, ces fermes minuscules et bien tenues, semées çà et là, au milieu d'une clairière, sur le flanc d'une colline, à l'angle d'un bois touffu, on ne s'amuse pas à la bagatelle ! On bûche ferme pour donner au beau pays de France de joyeux drilles qui sont en même temps de robustes gars.

Alors, il faut les élever ces enfants, et dame ! les ressources d'une primitive culture, la vente du laitage et des petits cochons de lait ne sont pas suffisantes pour créer des rentes à la nombreuse famille, pour sûr ! et ce n'est pas là que le Panama a fait le plus de victimes.

Ce qui arrive est facile à prévoir : Les jeunes mamans songent, lorsque leurs propres enfants sont repus et sevrés, à utiliser leurs richesses nutritives et naturelles ; elles écrivent au directeur de l'agence qui rayonne sur le pays et attendent ensuite la visite du médecin accrédité auprès de l'Assistance publique de la Seine. Celui-ci les examine, s'enquiert des antécédents sanitaires de la famille, fait son rapport au directeur de la circonscription, l'appuie d'un certificat de bonne conduite décerné par le maire de la localité.

Et presque toujours, quand l'avis du médicastre est favorable, la nourrice est acceptée par le directeur, puis dirigée sur Paris, par le plus prochain convoi mensuel.

J'ai dit *presque* toujours.

Bien que directeur d'agence, bien que médecin, on n'est pas pour cela des anges. On a souvent ses lubies, ses préférences injustifiées, ses petites rancunes particulières ; souvent aussi la maudite politique vient peser sur un des plateaux de la balance, et ce n'est pas précisément celui du droit.

Si la nourrice a pour mari un brave ouvrier charpentier, maçon ou laboureur qui se permet de lire tel journal préférablement à tel autre, c'en est fait de ses prétentions nourricières.

Adieu! veau, vache, et la couvée de canetons!... Rêves de grandeur, de bien-être démolis... Le vieux toit de chaume ne sera pas remplacé par la jolie toiture moderne en ardoises violacées.

Il vous faut plaire, braves femmes, non seulement par vos saines et puissantes qualités lactatives, mais encore par vos opinions, par une grande servilité surtout envers l'Administration qui daigne payer votre allaitement épuisant, vos soins assidus, votre amour maternel, votre sublime abnégation, à raison de 18 francs par mois !...

Il y a des biberons qui sont bien plus ruineux. J'ai été allaité par une chèvre, — ou par une louve, disent de méchantes langues — à qui on donnait mensuellement de la tige d'angélique, pour des sommes autrement folles. (L'angélique a la précieuse vertu d'édulcorer les caractères les plus difficiles. Cette ombellifère m'a réussi !)

Quand la nourrice a la chance d'être acceptée, elle se rend, à jour et à heure fixes, au bureau directorial.

On l'examine à nouveau, puis on l'emballe comme une marchandise quelconque en compagnie d'un stock d'autres marchandises semblables, dans une voiture préhistorique qui fait le service de l'agence à la station de chemin de fer la plus proche.

Chauffée ? Non, la voiture ne l'est pas. Le lait dans les bocaux humains peut se geler et se glaçonner en route. On le dégèlera à Paris... L'Administration de l'hospice de la rue Denfert-Rochereau sait de quelle façon il faut s'y prendre.

Et après 15 ou 18 heures de voyage, à peine ont-elles franchi le seuil de l'asile des Enfants-Assistés, que vite on les affuble de grands tabliers.

A celle-ci, on remet un balai, à cette autre une brosse, les unes reçoivent des baquets de légumes qu'il faut éplucher, les plus robustes encaustiquent les escaliers ; toutes triment à force et sans relâche, durant la durée de leur séjour à l'hospice.

Il en est ainsi pour chaque convoi. Ces convois sont généralement composés de six à huit nourrices, parfois dix, et arrivent journellement ; les agences provinciales les fournissent à tour de rôle.

Ce travail, non prévu par les nourrices, est gratuit. L'Administration sait réaliser ce qu'elle appelle de sages économies !

Mais pendant que les pauvrettes bûchent, et bûchent ferme, sous l'œil peu bienveillant du personnel, le lait se dégèle, se réchauffe, et finit par surir. Les seins ont pris un volume énorme, il faut — il en est grand temps — qu'on les dote d'un nourrisson.

Est-il étonnant, enfin, qu'après un retour aussi fatigant que le départ les nourrices, rentrées chez elles, constatent un subit dépérissement des enfants qu'elles ramènent.

Entérite, diarrhée et autres affections non moins désagréables sont pour les bébés les conséquences inévitables du barbare régime auquel l'Assistance publique, imprévoyante, soumet les malheureuses nourrices qui ont le courage de lui confier leur jeunesse et leur santé.

Braves nourrices ! avec quelle joie, pourtant, elles se dépensent sans compter !

1° L'enfant nouveau-né doit être nourri *exclusivement* au sein pendant les quatre premiers mois ;

2° L'enfant doit téter toutes les deux heures seulement ;

3° A partir du cinquième mois, si le médecin juge que le lait est insuffisant et que l'enfant peut supporter une alimentation plus forte, la nourrice pourra donner, en même temps que son lait, du lait de vache, de chèvre ou d'ânesse, et même des potages au lait. — La bouillie préparée avec de la farine séchée au four et du lait est, après le lait, le meilleur aliment pour cet âge ;

4° L'enfant doit être lavé tous les jours avec de l'eau tiède et même baigné pendant quelques minutes, toutes les fois que cela est possible. Le siège, surtout, doit être tenu dans un état de propreté parfaite ; il importe aussi de laver et de brosser sa tête tous les jours pour empêcher la crasse et la calotte — on doit couper les ongles de l'enfant ;

5° La nourrice doit elle-même se tenir très proprement ;

6° Les vêtements plus ou moins chauds, suivant la saison, doivent toujours être très propres ; il est très important qu'ils soient larges et souples ; l'enfant serré ne profite pas. Les bras doivent toujours être hors du maillot ;

7° Les couches doivent être arrangées autour des reins et du siège, en manière de culotte, pour préserver le haut du tronc et les jambes du contact des matières fécales ;

8° Les langes et les couches doivent être lavés toutes les fois qu'ils sont salis par les matières ou même par l'urine ;

9° Si, malgré ces précautions, il survient des rougeurs au siège, il est urgent de faire voir l'enfant au médecin. — Le médecin devra être prévenu également dès qu'il surviendra des gerçures aux lèvres ou des taches sur le menton ;

10° Le ventre doit être bandé pendant le premier mois ; si le nombril ne se cicatrise pas, il faut le faire voir au médecin ;

11° L'enfant ne doit jamais coucher avec sa nourrice ; son lit doit être composé de coussins remplis de balle d'avoine fraîche ou de fougère ;

12° L'enfant ne doit pas être bercé ;

13° L'air de la chambre où il couche doit être renouvelé plusieurs fois par jour ;

14° L'enfant ne doit pas être mis sur les jambes avant la fin de la première année ; s'il témoigne l'envie de marcher, il faut le laisser se traîner à terre sur un paillasson ;

15° Si la nourrice croit être devenue enceinte, elle doit en prévenir le médecin.

La petite rémunération mensuelle qui lui est si chichement accordée n'est vraiment pas volée, n'est-ce pas ?

DÉVOUEMENT DES NOURRICIERS

La pension nourriciale payée *mensuellement* par l'Administration centrale est ainsi tarifée :

De un jour à un an : dix-huit francs.

Pour la deuxième année : quinze francs.

Pour la troisième année : douze francs.

De la quatrième à la treizième année inclusivement : dix francs.

Une gratification de six francs par trimestre est accordée, en plus, à toute personne qui a prodigué de bons soins à un enfant allaité durant les neuf premiers mois.

Si, au cours d'un trimestre, pour une cause quelconque, n'atteignant même en rien ni la probité ni le dévouement de la nourrice, le bébé est déplacé par ordre directorial, les parents adoptifs perdent tout droit à l'allocation gratificative.

C'est toujours autant de gagné pour la parcimonieuse Administration qui a cependant ses heures de générosité, de largesse... Seulement, ses prodigalités ne vont jamais aux petits. Les petits sont des insatiables, des jamais-contents, qui ne savent pas apprécier les bienfaits! Elles vont à l'état-major de l'avenue Victoria, aux gros bonnets, aux larges estomacs, aux gourmets émérites.

L'Administration s'engage envers les nourrices et patrons des enfants :

1° A leur faire payer exactement dans la commune de leur résidence et dans le cours des deux mois qui suivent le trimestre échu, la pension de l'enfant ainsi que les indemnités et récompenses (1);

2° A leur faire délivrer les vêtures nécessaires à l'enfant;

3° A faire saigner l'enfant en cas de maladie par un médecin ou chirurgien qui devra fournir les médicaments sans rien exiger d'eux.

En retour, voici les *obligations spéciales* que la nourrice contracte envers l'adoptif :

1° Allaiter l'enfant de son lait, et non artificiellement;

2° Avoir un berceau pour coucher l'enfant seul;

3° Veiller, de concert avec le médecin du service, à ce qu'il soit vacciné dans les trois premiers mois de l'envoi en nourrice, s'il ne l'a été avant son départ de l'hospice; mais au plus tôt trois semaines après son arrivée de Paris;

4° En cas de maladie grave ou de grossesse, en prévenir immédiatement le médecin du service;

5° Ne le sevrer qu'après en avoir obtenu dudit médecin l'autorisation *écrite* sur le présent livret;

6° Ne se charger d'aucun autre enfant sans le consentement de l'Administration; toutefois, ce consente-

(1) Extrait du décret du 19 janvier 1811, art. 13 :
Les mois de nourrice et les pensions ne pourront être payés que sur les certificats des maires des communes où seront placés les enfants.

ment ne pourra être accordé que si l'enfant a atteint dix mois révolus;

7º Enfin, si l'enfant lui était retiré pour un motif quelconque avant l'expiration du premier mois, qui est toujours payé d'avance au moment du départ de l'hospice, tenir compte à la nouvelle nourrice du salaire qui lui revient pour le temps à courir du jour de la remise de l'enfant jusqu'à la fin dudit premier mois.

Envers les enfants âgés de moins de 13 ans.

Les nourriciers s'engagent :

1º A avoir un lit pour coucher l'enfant seul;

2º A lui faire donner une instruction convenable en l'envoyant *assidument* à l'école communale depuis l'âge de six ans. Cette prescription est de rigueur;

3º A pourvoir à tous les besoins de l'élève et même à son entretien de linge et de vêtements, sans pouvoir exiger de l'Administration d'autres layettes et vêtures que celles indiquées au présent livret, pages 15 et suivantes;

4º A tenir toujours l'enfant proprement, soit en état de santé, soit en état de maladie, et n'employer qu'à son usage et non à celui de leurs propres enfants, les effets de toute sorte fournis par l'Administration;

5º A ne mettre en gage ni le présent livret ni les vêtements de l'enfant;

6º En cas de rappel de l'enfant à l'hospice, à le ramener au directeur de l'agence, chez lui, et à rapporter le livret et ceux des effets qui doivent être rendus à l'Administration, conformément aux prescriptions portées page 22 du présent livret;

7º Si le déplacement de l'élève est jugé nécessaire par le directeur de l'agence ou le médecin, à le rendre immédiatemment à toute réquisition, et, dans ce cas, remettre tous les effets appartenant à l'élève sans exception;

8º A prévenir le directeur de l'agence au moins trois mois d'avance de leur intention, quand ils voudront rendre l'enfant, afin que celui-ci puisse lui procurer un autre placement ou en référer à l'Administration avant de le renvoyer à Paris;

•9º A déclarer dans les 24 heures le décès de l'enfant à la mairie de leur résidence, et à en aviser dans le même laps de temps le directeur de l'agence ou le médecin. Les effets, après avoir été nettoyés proprement, devront être rapportés au directeur de l'agence dans la huitaine au plus tard, ainsi que le livret avec le collier et la médaille, sous peine d'en payer la valeur ainsi qu'il est expliqué page 22 du présent livret.

Envers les élèves de 13 à 21 ans :

Les patrons s'engagent :

1º A ne pas occuper l'élève à des travaux au-dessus de ses forces, et à surveiller constamment sa conduite et ses mœurs;

2º A lui faire fréquenter l'école jusqu'à l'âge de 13 ans révolus, à mois qu'il ait obtenu le certificat d'études primaires;

3º A ne pas le renvoyer de chez eux, et dans le cas où ils auraient à se plaindre de sa conduite, à en prévenir le directeur de l'agence, qui en référera à l'Administration avant de le renvoyer à l'hospice;

4° A le remettre immédiatement entre les mains du directeur de l'agence dans le cas où ils en recevraient l'ordre, et ce, sans que l'Administration soit tenue de payer aucune indemnité.

Enfin : voici les *obligations générales* imposées aux nourriciers et patrons.

Quel que soit l'âge de l'enfant, ils doivent :

1° Le traiter avec bonté et douceur, sans jamais lui infliger aucune punition corporelle ni privation de nourriture ;

2° S'il est malade, en avertir le médecin du service dans les vingt-quatre heures ;

3° Ne point le remettre à une autre personne pour quelque cause que ce soit, sans l'assentiment du directeur de l'agence ou du médecin ;

4° Le représenter à toute réquisition du maire de la commune, du médecin du service, du directeur de l'agence ou de l'inspecteur de l'Administration ;

5° Dans le cas où les parents se seraient fait connaître, ne jamais correspondre avec eux, et donner au Directeur de l'agence tous les renseignements qui leur seraient parvenus sur la famille ;

6° Faire toutes les démarches nécessaires pour le retrouver, dans le cas où il s'évaderait, et donner dans les vingt-quatre heures connaissance de l'évasion au maire de la commune et au Directeur de l'agence ;

7° Enfin exécuter fidèlement toutes les conditions générales ci-dessus, ainsi que les conditions particulières spécifiées d'un commun accord, et inscrites pages **42** ou suivantes du présent livret, sous toutes

les peines de droit et même de dommages-intérêts s'il
y a lieu, au profit de l'élève.

Quel joyeux temps pour l'état-major de l'Avenue
Victoria que celui ou X..., surnommé *la noce*, trônait
sur les destinées générales de l'assistance publique et
particulières de son budget. Quelles agapes! Et comme
l'on attendait impatiemment l'arrivée de ce pontife
dans chaque agence!

Que l'on me pardonne cette courte ressouvenance.
Elle peint admirablement les mœurs de nos puissants
budgétivores passés, présents... futurs? j'en doute,
nous verrons!

X..., qui était plus ignorant du rouage administratif
de son important service départemental qu'une grenouille du mouvement astral, ne quittait l'Avenue Victoria que pour aller festoyer en compagnie de ses contrôleurs aux quatre coins de sa vaste direction.

X..., drapé dans sa nulle suffisance, mais supposant
que son amitié avec les sommités gouvernementales
tenait lieu de tous les mérites, choisissait, de préfé-
rence, pour ses inspections, celles de ses agences qui
englobaient des stations balnéaires, des plages monda-
ines, demi-mondaines, surtout, où l'on était sûr de ne
pas faire mauvaise chère, ni pénitence.

On passait, ainsi, en rigolades de haute volée, les
mois les plus beaux de l'année.

Le coupé de ce puissant budgétivore qui avait pris
pour devise : « Le travail, c'est l'ennemi! » traversait
villes, villages, hameaux, traîné par de superbes et frin-
gants coursiers.

Nul arrêt chez la nourrice, chez le patron, devant l'échoppe de l'artisan, devant la porte du laboureur. A quoi bon s'empester le nez et se salir les mains.

Et les bonnes gens de campagne, prévenus huit jours à l'avance de l'arrivée du *monsieur* de Paris (un vrai bourreau pour l'Administration, en effet), regardaient, épatés, passer dans un tourbillon de poussière l'étrange équipage.

Parfois, un léger salut de la main directoriale tombait en bénédiction sur les braves travailleurs ruraux. Le geste voulait être noble, il n'était que sottement dédaigneux.

Et le cortège perdu dans le lointain poussiéreux, les simples, aux grands yeux doux, les honnêtes aux mains caleuses, à la taille courbaturée par l'interminable accomplissement du devoir, mais à l'esprit toujours droit, se regardaient entre eux et murmuraient :

— « Bien sûr que l'argent qu'il dépense est moins difficile à gagner que le nôtre ! »

Rien de changé. Le temps, qui effrite le ciment romain, ronge le granit, n'a nulle action sur l'Administration hospitalière que l'on nous envie, mais que l'on nous laisse !

Aujourd'hui, les inspections de l'état-major de l'Assistance ne sont pas plus sérieuses qu'autrefois. Le souci de bien employer l'argent des contribuables ne trouble pas la quiétude de Messieurs les ronds-de-cuir. Ils ne veulent ni *voir*, ni *savoir* :

Oculos habent et non videbunt; aures habent et non audient!

Les vêtures distribuées aux pupilles de la Seine sont plus qu'insuffisantes et les nourrices et nourriciers obligés les trois quarts du temps de recourir à la garde-robe de leurs propres enfants.

Dans certains départements, où l'éparpillement des feux d'un village englobe une étendue immense, tels, le Cher aux innombrables hameaux, la Sarthe, l'Ille-et-Vilaine, etc., et dans lesquels, par conséquent, le service médical est fort pénible, il serait de toute urgence que l'on multipliât l'installation de boîtes pharmaceutiques renfermant les médicaments usuels, tout ce qui est utile, enfin, pour un pansement immédiat. L'instruction est assez répandue, à cette heure, pour que, dans chaque hameau, une ou plusieurs personnes capables de donner les premiers soins à un malade ou blessé soient facilement trouvables.

Et le couchage donc!

C'est à croire, vraiment, que ces messieurs de l'Assistance ont eu dans leur prime enfance, ont toujours, le corps aussi glorieux que celui des anges et ignorent les besoins les plus naturels!

Il ne faut point être cependant maître en expérience, pour savoir que des enfants presque toujours anémiques, scrofuleux, atteints de dyarrhée, salissent fréquemment leurs langes. Quel grand usage peuvent faire une douzaine de couches neuves délivrées pour une période de sept mois!

C'est donc toujours la nourrice qui se dévoue, qui donne, sans compter, et qui *trinque!* Heureuse encore quand, sans raison, par simple lubie, on n'arrache pas, du jour au lendemain, à sa tendresse l'enfant qu'elle a donné comme frérot ou frangine aux siens.

Au pied de l'Auvergne, dans une vaste ferme, je m'étais réfugié, certain soir d'orage, accompagné du directeur de l'agence d'Ébreuil.

La fermière, plantureuse gaillarde aux manières douces et affables, très aimablement nous avait offert sièges et rafraîchissements.

Le fermier parlait de ses récoltes, son épouse, assise auprès de lui, l'écoutait distraitement et un garçon de sept à huit ans, appuyé sur ses genoux, lui quémandait, avec obstination, quelque chose qu'elle lui refusait tout bas.

Et comme la lutte, entre la volonté de l'une et le désir de l'autre, menaçait de s'éterniser et troublait le récit du maître de la maison, celui-ci s'écria:

— Allons! donne-le lui, va! à ce grand gourmand!... M. l'inspecteur sait bien ce que c'est!...

Et le souvenir de ce que je vis, alors, est toujours resté dans ma mémoire, comme un doux régal.

La gente fermière dégrafa son corsage, l'entrouvrit et, simplement, avec un geste de glorieuse maternité, tendit le sein, — un sein d'une rigidité ronde et portant devant le monde un robuste défi! — à son fils adoptif qui, depuis un septennat, y goûtait matin et soir le plus délicieux des festins.

Le fermier avait un bon gros rire. Le directeur déclarait que c'était là un détail charmant — J'te crois!

Moi je songeais à cette strophe évocatrice d'Armand Silvestre:

Sous son col il planta de puissantes mamelles
Robustes à la soif comme aux enlacements,
Où viennent boire ainsi qu'à des coupes jumelles
La bouche des petits et celle des amants!

Oh! que j'eusse voulu n'avoir que sept ans et être le frère du marmot!

Il y a cependant des gens de bureaux, de sots ronds-de-cuir, qui traitent ces admirables femmes de nourrices *mercenaires*!

Pitié!

J'ai assisté, une autre fois, à la reconnaissance d'un gars d'une vingtaine d'années par sa mère, « une belle et honneste dame », à la façon de Brantôme. Le pupille de l'Assistance fit la sourde d'oreille à la voix du sang. Emmené à Paris, il trouva un fort bel hôtel, laquais et équipage ; mais huit jours ne s'étaient pas écoulés qu'il trompait la surveillance de son précepteur, s'il vous plaît, et s'en venait à pied, tout au fond du Pas-de-Calais, à la maison de sa tendre nourrice, qu'il pleurait à pleins yeux. Trois fois on vint l'en arracher ; trois fois il y revint. « La belle et honneste dame » perdit patience, dota l'enfant et le laissa à ses pastorales préférences.

Dans une circonstance analogue, un autre garçon pria sa véritable maman, qu'il voyait pour la première fois, de le laisser tranquille. Il aimait la fille d'un fermier voisin et n'entendait pas que l'on dérangeât ses amours champêtres. La mère, aussi confuse que titrée, n'insista pas. Elle se contenta d'assurer l'avenir du jeune couple et, pour avoir tant tardé, repartit le cœur vide.

J'ai rencontré souvent, je pourrais presque dire *toujours*, de bonnes gens parmi ces nourriciers qui constituent la famille adoptive des enfants délaissés. Au foyer, à la table, dans leur cœur, l'adopté a place égale à celle de leurs propres rejetons. Pas d'injustices familiales.

L'exemple qui vient d'en bas devrait bien être suivi en haut!

SINGULIERS TUTEURS

La troisième République les recrute à la diable !

Des directeurs d'agence, des tuteurs d'enfants assistés, de marmousets trouvés en pleine rue, sous les porches, au coin des carrefours, voilà bien des personnages dignes d'un tri-sérieux !

Alors, on les prend où on les trouve.

Et les trouvailles abondent.

Si l'agriculture en France manque de bras, le fonctionnarisme n'en est pas dépourvu.

C'est le mille-pattes du budget.

Ceux du métier, qui ont passé par les bureaux, ont gagné leur grade dans la boîte, ont immodérément grevé le budget de réparations de chaises cannées et de manches en lustrine, ceux-là sont les privilégiés. Élevés dans le sérail, ils en connaissent le labyrinthe. Pas de danger qu'ils s'égarent...

Sont-ils au moins les plus intelligents ?

Allons donc !

Autre catégorie : ceux que l'on surnomme les fils à papas. Papas quarante-huitards, chers aux représentants de la République d'étiquette !

Sont-ils zélés ? des nèfles !

Ils ne sortent pas des bureaux administratifs, ils viennent des antichambres ministérielles. Ils ne savent rien, ne sont capables de rien. Ils se contentent de virer au doigt, à l'œil, et au gré de l'Administration.

D'autres enfin, rares, il est vrai, mais intègres et dévoués : obscurs employés, commis consciencieux, ayant trimé comme de véritables serfs sous la tyrannique surveillance de grincheux directeurs. Ceux-là seuls connaissent leur métier. Ils ont expérimenté les mille et un règlements pondus par les cervelles en poudre de perlimpinpin de l'Administration centrale.

Ils en ont jaugé les incohérences, les absurdités, les dangers, dans la pratique journalière, et, une fois sortis des griffes directoriales, placés à la tête d'une agence, ils essaient, autant que l'étroite discipline hiérarchique le leur permet, de réagir, ils tâchent d'innover.

Ça va bien pendant quelque temps, mais à l'Avenue Victoria on finit par s'en émouvoir. Les bureaux se trémoussent et hurlent que la Sainte Routine est menacée.

Et l'énergumène qui a osé voir juste et agir selon sa conscience est impitoyablement sacrifié.

En résumé, à part de très rares et honorables exceptions, ces messieurs d'agences, qui disposent d'un personnel dirigeant nombreux, ont à leur merci une clientèle populaire importante et l'appui des autorités provinciales, ne sont pas à la hauteur de la tâche humanitaire qu'ils doivent accomplir.

La République hurle après ses devanciers : « l'empire, la royauté, c'étaient des dévorants ! »

Or, arrivée devant l'assiette au beurre, elle montre un tel appétit, elle est prise d'une telle faim que l'on se prend presque à regretter la gloutonnerie légendaire de messire l'Ogre !

Et avec ces petits — d'autres moins indulgents quoique plus justes diraient ces grands — travers, la belle dame fait sa mijaurée !

Elle entend bien que son personnel ait grand air et aristocratique allure, figure dans le monde et fasse, couramment, largesses princières.

Ainsi, Messieurs les directeurs d'agences, utiles facteurs électoraux à la merci de ces jeunes serins que la République élève en cages sous-préfectorales, n'ont pas l'autorisation, eux, les papas intérimaires, investis par la Loi, de milliers de déshérités, eux qui, plus que tout autre, devraient avoir le besoin de la paternité en dominance, et l'ont peut-être, le droit de peupler convenablement le nid familial.

Le directeur chargé d'une nombreuse couvée est tenu de faire des économies qui, aux yeux de l'Administration *paternelle*, sont susceptibles de diminuer d'autant son prestige. Il n'est pas séant d'avoir l'air d'un rapiat, même lorsqu'on est le modèle des employés de l'État.

— « C'est nous qui sont les repus, la noblesse de la Trois. En avant les ronds-de-jambe !... »

Et la Trois sabre impitoyablement les zélés qui ont le tort de vivre modestement, en réduisant leurs besoins à la possibilité de les satisfaire — sans recourir à la caisse !

Qu'on ne vienne pas m'accuser d'exagérer ma critique.

Je puis citer dix fonctionnaires, au moins, sur quarante vis-à-vis desquels l'Assistance s'est montrée odieusement ingrate, inique.

Le directeur de l'agence d'Ébreuil, un fonctionnaire aussi modeste que méritant, intègre, bienfaisant, paternel, qui avait conquis, haut la main, l'estime de toute la population nourricière, patronale et infantile du département de l'Allier, n'a jamais pu obtenir sa nomination régulière de directeur, tout simplement parce que, chargé d'une nombreuse famille, il négligeait de faire figure dans la *société* républicaine de son chef-lieu d'agence.

Il aurait fait des dettes, mangé la grenouille, mais eu grand air, que l'Administration, fière d'un tel personnage, l'aurait bombardé sur-le-champ d'éloges, de grades et de gratifications.

Il est resté pauvre, mais honnête.

Il est mort à la tâche, après vingt et des années de labeur ingrat, de déboires de toutes sortes.

Et la dédaigneuse Administration n'a jamais voulu venir en aide à sa veuve, une digne femme — la providence des petits sans-mère, — à ses filles, des vaillantes ; toutes côtoient la misère et se tuent lentement, en d'ingrats labeurs, à Paris.

Il ne manque pas de places de surveillantes d'enfants assistés, d'inspectrices d'arrondissement pour bureaux de bienfaisance, à distribuer ; seulement, on les réserve pour celles qui ne les méritent pas, n'en ont pas besoin, pour les peu intéressantes femmes du monde, déchardes qui préfèrent *recevoir* que visiter !..

— « C'est nous qui sont l'aristocratie de la Trois ! »

DIRECTEURS ET MÉDECINS EN PÉRIODE ÉLECTORALE

J'ai dit quels étaient les milieux où la je-m'en-fichiste Assistance allait recruter ses chefs d'agence ; il me reste maintenant à édifier mes lecteurs sur les agissements de ces dociles sous-ordre.

Chaque direction est dotée d'un directeur — naturellement — et d'un commis d'agence.

Le personnel infantile varie de huit cents à douze cents assistés et moralement abandonnés, répartis en une certaine quantité de services médicaux.

Il n'y a aucun règlement concernant ce partage, confié jusqu'à présent à l'arbitraire ou à la sottise du directeur d'agence.

Aussi, voit-on tel médicastre, à l'échine plus souple que du macaroni cuit à l'eau, exercer sur plusieurs centaines de bébés et nourriciers, alors que son confrère voisin, moins flexible, mais plus digne, est réduit à la portion congrue, ou même se voit, sans prétexte plausible, refuser l'estampille officielle de l'Administration.

Et de pareilles injustices ont de graves conséquences.

Tel médecin qui n'a qu'une trentaine d'enfants à surveiller sur un rayon de cinq ou six kilomètres se dérangera moins volontiers que son confrère d'à côté, qui en a deux cents. Qui en pâtit ? l'enfant, non seulement l'enfant, mais la nourrice, dont la responsabilité est grande vis-à-vis de l'Administration. Dans ces services médicaux, le recrutement des nourrices périclite forcément.

Quant au praticien surchargé de besogne, ayant mensuellement à visiter une importante population infantile, il ne peut lui donner que des soins hâtifs.

Puis, mis en relief par la haute confiance que lui accorde l'État, il ne vise plus qu'à faire de la clientèle *sérieuse*. Les visites officielles sont effectuées à la va-vite, car il est devenu un monsieur important, une sorte de fonctionnaire, un savant accrédité auprès d'une des plus riches administrations de l'État. Ses cachets étant payés fort cher, pourquoi diable, daignerait-il passer un temps qu'il fait payer gros à démailloter une marmaille abandonnée, à examiner ses maigres jambes, à soigner sa teigne ou toute autre calamité (1)?

Il n'est qu'un temps où il daigne se souvenir de ses devoirs, c'est celui des cerises électorales et qu'un seul cas, celui où il veut cueillir les dites cerises.

Alors, oh! mais alors! il redevient subitement le médecin modèle. Il court les villages, les hameaux, les moindres fermes; il est le Juif Errant du devoir; sa trousse lui est légère. Il est amène, jovial, empressé; le souci de la santé d'autrui, le bien-être corporel de *ses chers enfants*, etc., il en a plein la bouche. Il désem-

---

(1) Les enfants de 1 jour à 1 an doivent être visités à domicile au moins une fois par mois, et ceux de 1 an à 13 ans, une fois au moins par trimestre. En cas de maladie de l'élève, et quel que soit son âge, le médecin doit se rendre près de lui aussi souvent que sa présence est nécessaire.

maillotte les gosses avec onction, il met du baume sur
les maigres cuissots altérés par l'inflammation, il bai-
serait, pour un peu, les plaies tuméfiées, on dirait vraiment qu'il remplit un sacerdoce.

Et, par surcroît, il soigne la nourrice, le papa nourricier, les enfants familiaux ; d'aucuns, même, passent
volontiers de la cuisine à l'étable et prodiguent mille
mamours aux veaux, vaches, brebis et cochons, voire à
la volaille.

D'honoraires ! braves gens ! oh ! n'allez pas lui en
parler, ça l'offenserait. Capable d'en devenir malade,
de tomber à plat sur le seuil de votre porte et de ne
jamais se relever.

Seulement... seulement n'allez pas manquer de suivre le sage conseil que va vous donner M. le directeur
de l'agence à la veille de l'ouverture du scrutin :

— « Le docteur X..., ma bonne femme, est un homme précieux. Sa disparition serait une calamité pour
le canton. Il importe donc de l'attacher à vous par des
liens serrés, les liens de la reconnaissance. Voyez avec
quel dévouement il veille sur votre santé. Celui qu'il
mettra au service de vos intérêts ne sera pas moindre,
vous pouvez m'en croire. Votez donc pour cet homme
de bien que la sage et vénérée Assistance publique (il
soulève son chapeau), votre mère, la nôtre, voit d'un
œil si bienveillant. Faites-en un conseiller d'arrondissement, un conseiller général. Il sera la gloire de l'électorat. Chez vous, les petits assistés tomberont comme
grêle en août, car où il n'y en a plus, il en trouvera
encore, cet homme au cœur d'or !

« (Après une pause). N'oubliez pas, bonne femme, que je vous ai envoyé dernièrement un second avertissement, ce sera le dernier. Si je trouve encore des rougeurs sur l'enfant, je vous le retire sur-le-champ et je ne vous en reconfierai plus jamais...

« Au revoir... Je vous le répète : le cher docteur X... rivalise avec le cresson pour la santé du corps ; dites-le bien au père Machin, votre mari ! »

Le soir, en rentrant au chef-lieu de l'agence, il secoue ses guêtres couvertes de poussière et va se rafraîchir la langue, desséchée par une éloquente campagne propagantiste, chez le fameux docteur X..., son compère, le candidat bien vu par l'Administration, où un plantureux festin lui redonnera du jarret, ranimera son éloquence...

N'allez pas croire que les candidats de l'Assistance soient aussi désintéressés que Messieurs les directeurs d'agence veulent bien le dire.

L'élection enlevée, quinze jours après, le nourricier qui s'est fait arracher une dent reçoit sa petite note.

Élu ou non, l'excellent docteur X... n'est pas oublieux, car il est d'avis *qu'un bienfait ne doit jamais être perdu.*

Malheur au nourricier qui ne suivrait pas le conseil du directeur, thuriféraire du candidat-cresson !

Voilà cependant, aux époques maudites de l'électorat, à quoi les délégués provinciaux de l'Assistance passent la plus grande partie de leur temps.

LES SACRIFIÉS

Qu'en périodes électorales Messieurs les directeurs d'agences fassent, avec un zèle incomparable, de la propagande en faveur des candidatures officielles, cela n'est pas absolument très digne, ni très propre; néanmoins, cela est compréhensible, à la rigueur, sinon tolérable : il faut assurer la pâtée à ses petits, il faut plaire aux grands manitous de l'Administration si l'on veut voir augmenter ses émoluments, et, ma foi! le fonctionnarisme, du haut en bas de l'échelle, s'il prend de la place, chacun sait aussi qu'il n'est pas toujours scrupuleux sur les moyens de la gagner.

L'action électorale des directeurs, toujours nuisible aux indépendants, ne s'exerce en ce cas que contre gens ayant becs et ongles, capables de remiser, dans les grands prix, s'ils daignent s'en donner la peine, les plats thuriféraires du gouvernement.

Bien autrement dangereuse est leur conduite journalière envers les petits, les faibles, les déshérités, les sans-soutien et sans famille que la Misère, cette proxénète du peuple, a laissés en pâture à la mercantile tutelle administrative.

Aux yeux du millier d'enfants et de jeunes hommes composant le personnel de pupilles de chaque agence départementale, le directeur n'est qu'un loup-garou dont la venue mensuelle est toujours redoutée.

Rares sont, en effet, les chefs d'agence qui ont su inspirer aux enfants la confiance, l'affection, le respect, sans lesquels nulle tutelle ne saurait être effective.

Enfants assistés, enfants abandonnés, orphelins sont considérés comme des êtres de rebut vis-à-vis desquels on doit, sous peine de faiblesse, se montrer impitoyables.

Le directeur est un croque-mitaine dont la vue fait fuir les petits, tout comme le gendarme ou le garde champêtre les maraudeurs. Crainte non pas instinctive, mais raisonnée. L'enfant sait que le *monsieur de Paris* est tout puissant, commande à ses parents nourriciers, à ses patrons, qu'il peut, au gré de sa fantaisie, l'enlever à sa famille d'adoption, au sol qu'il travaille et auquel il est déjà attaché, à ses travaux qu'il aime, à ses jeunes amis, aux intimes affections que peut-être il nourrit secrètement... il sait qu'un caprice, qu'un mouvement d'humeur, l'influence d'une personne riche de la localité peuvent pousser son directeur [à décider, en une seconde, son transfert dans un autre pays, dans une autre contrée, c'est-à-dire changer le cours de son existence, enrayer celui de son paisible bonheur, et le rejeter une fois de plus sur le grand chemin de l'inconnu qu'il a tant de fois parcouru déjà... et il a une peur bleue de cet homme, qui à chaque tournée laisse de son ombre redoutable sur la lumineuse simplicité de sa vie calme, ignorée (1).

(1) Tous les trois mois, le directeur de l'agence doit visiter l'Élève,

Parmi les chefs d'agences, il est, je le reconnais, de louables exceptions. J'ai connu de généreuses natures, des hommes d'une droiture absolue, adorés de leurs pupilles qui voyaient en eux un défenseur, un ami, un père, plutôt qu'un maître; mais combien rares, ceux-là !

J'ai dit de quelle façon était recruté le personnel supérieur des agences.

Les beaux fils à papa, arrivés sans titres ni diplôme à leur dix-huitième année, trop bêtes pour gratter le papier de la grande boîte ministérielle, briguent un rond-de-cuir dans quelques succursales administratives.

On dirait vraiment — et on peut le dire, au reste, sans craindre de se tromper — que l'Assistance publique n'est créée que pour servir de refuge à tous les vannés du cerveau et à tous les panés.

Mais ce sont les beaux fils de la République bourgeoise, fils, neveux ou cousins, pour la plupart, de ses intègres conseillers, ou les recommandés de quelques vieilles peaux de satin, ignorants et suffisants personnages; ces parasites considèrent les pauvres enfants du peuple, du peuple qui entretient leur inutilité, comme des quantités négligeables.

Comment pourraient-ils être à la hauteur de la tâche

constater l'état dans lequel il l'a trouvé et consigner dans un rapport les observations auxquelles cette visite aura donné lieu.

En cas de maladie grave ou de grossesse de la nourrice, de mauvais traitements, de défaut de soins, le directeur de l'agence est autorisé à changer les enfants de nourrice. (En cas d'urgence, les médecins du service peuvent également ordonner ces déplacements; sauf à en référer immédiatement au directeur de l'agence).

essentiellement protectrice, humanitaire, qui leur échoit de par leurs fonctions ?

Ils doivent se montrer les tuteurs clairvoyants, dévoués, toujours secourables des enfants qui leur sont confiés ; ils ne se révèlent à eux que comme de vilains et bourrus gardes-chiourme.

Durant une de mes inspections dans un département du Centre, je constatai, en parcourant le registre de correspondances du directeur, le renvoi à Paris d'un élève âgé de *treize à quatorze ans*, « coupable d'avoir poussé des cris séditieux pendant la fête nationale du 14 juillet ».

Ce renvoi avait été décidé sur la plainte du sous-préfet de l'arrondissement, et de l'un des maires d'une commune voisine du chef-lieu.

Les nourriciers, qui adoraient l'enfant, qu'ils élevaient depuis sa naissance, réclamèrent vainement, auprès du directeur, la suspension de la décision administrative. Leur petit adoptif était bien le plus gentil adolescent que nourriciers-patrons pussent rêver. Il était la joie du foyer adoptif ; son bon cœur, son intelligence, sa conduite toujours régulière lui avaient valu l'estime, l'affection de tous les gens du pays. Et puis, n'était-il pas leur enfant, à eux, les braves gens qui l'avaient nourri depuis le premier jour ? N'était-il pas le frère des autres gosses du foyer, qui ne comprenaient rien à ce départ, qui se lamentaient ? Et puis, pour quel méfait ? sans méchanceté, sans savoir, quoi ! il avait crié, comme beaucoup d'autres, des mots dont il ne comprenait sûrement pas le sens. Est-ce que la République pouvait en vouloir à cet enfant? Est-elle donc si dure aux petits des miséreux, cette femme qui joue à la mère-nour-ricière, également bonne pour tous?

Mais le sous-préfet, consulté, supplié, resta sourd aux plaintes des nourriciers, il résista à leurs larmes et ré-clama l'expulsion de l'enfant, tout comme s'il eût été déjà le plus noir des anarchistes!

L'Administration centrale ne comprit rien elle-même à cette férocité sous-préfectorale. Il fallait qu'elle fût raide, en effet! Elle consulta donc son agent, le direc-teur. Celui-ci, n'osant pas déplaire à son sous-préfet, lui donna raison, appuya même sur la chanterelle pro-consulaire et jura ses grands dieux que la sécurité du département, le bonheur de ses habitants, la fertilité de son sol, la belle venue de ses prairies, et la tranquil-lité de toute la volaille exigeaient impérieusement le retrait de l'enfant...

Cela vous semble déjà extravagant, n'est-ce pas?

Attendez, voici qui est plus fort :

Affolés par le départ de leur pensionnaire, les nour-riciers, par voie administrative, proposèrent au direc-teur de l'assistance de faire une donation de sept cents francs — eux, les pauvres! — en faveur de l'enfant, si on le leur rendait.

Et le directeur de l'Assistance, conseillé par le direc-teur de l'agence, qui était d'une fabuleuse platitude devant son hiérarchique, refusa tout net le renvoi du petit au foyer familial!...

Or, avant de tirer l'échelle sur ce haut fait, il est nécessaire de dire que le terrible sous-préfet, gardien

jaloux du principe absolu de l'Autorité, si à cheval sur
le respect dû au gouvernement et aux fonctionnaires
en particulier, était bien le plus enragé retrousseur de
cotillons que l'on vît jamais au pays de Gaule. Et dans
les faubourgs de sa sous-préfecture l'on retrouverait
encore l'écho des nombreuses gifles administrées à ce
galantin, par des frères et des pères justement indignés.

POURQUOI ILS VONT EN CORRECTION

Singulier moyen de les ramener dans la bonne voie, de modifier leurs habitudes et leurs mœurs, d'adoucir leur caractère, de calmer leurs révoltes !

Singulières écoles que le Mettray, Citeaux et autres établissements similaires, où l'on entasse aveuglément tous les enfants à tête chaude, à tempérament un peu vif, sous le fallacieux prétexte de les remettre dans la ligne droite, celle que bordent la Vertu et le Devoir, dont ils ne se sont écartés que par inconscience ou étourderie.

Vous avez dans votre grenier pommes, poires et raisins en quantité, sur la conservation desquels vous veillez avec le plus grand soin ; ce sont les fruits de réserve pour l'hiver, pour l'avenir, enfin.

A moins d'être le dernier des niguedouilles, si vous voulez conserver cette réserve, il me semble que vous devez, à chaque instant, jeter un regard scrutateur — le regard du conservateur ! — sur tous ces beaux fruits mûris au soleil et dont les parfums, le coloris et la saveur vous en rappelleront les joyeux rayons, à l'heure des agapes hivernales. Si vous relevez des traces d'anémie, prodromes d'une prochaine décomposition, sur-le-champ, vous prenez toutes les mesures hygiéniques que commande la situation : vous modifiez la température du lieu, vous changez l'exposition des fruits, et vous arrivez, grâce à ces soins éclairés et constants, à conserver sinon en totalité, du moins en grande partie, votre provision de desserts.

Pourquoi donc ces soins intelligents, que vous ne marchandez pas aux produits de la terre, ne les accorderiez-vous pas, avec plus d'empressement, plus de sollicitude, aux enfants des hommes, à vos semblables, à ceux qui ne sont encore que l'espoir de demain, et qui peuvent être la gloire de l'avenir?

Lorsque le fruit vous paraît être en danger, pour éviter qu'il soit rongé par le ver, ou atteint par l'irrémédiable moisissure, vous lui donnez une autre température ou une autre exposition.

Agissez ainsi vis-à-vis de l'enfant. Mettez-le dans un milieu sain, en contact avec des caractères capables d'agir salutairement sur le sien.

L'enfant ne naît ni bon ni mauvais. C'est une petite masse gélatineuse et instinctive cédant à toute pression, prenant l'empreinte de tout ce qui pèse sur elle.

Pourquoi le rendre responsable de ses difformités morales? En voudriez-vous à l'enfant gibbeux d'être venu au monde avec une bosse? Non, certes ! Et vous ne pouvez, au contraire, qu'employer tous les moyens possibles pour enrayer le développement de cette gibbosité malencontreuse.

Pourquoi garderiez-vous rancune au petit dont le cerveau ne raisonne pas, ne peut que résonner, au contraire, sous les notes fausses, discordantes qu'il perçoit

autour de lui et qui troublent l'harmonie de votre enten-
dement humanitaire; puisqu'il ne fait qu'emmagasiner
ce qu'il voit, ce qu'il écoute, puisqu'il n'est que l'écho et
le reflet du milieu dans lequel il vit!

Son jugement se fausse, sa conscience oblique, son
tempérament semble vouloir l'emporter sur son cerveau,
sur la pente fatale où l'ont conduit les pernicieux
exemples de son entourage; vous le voyez prêt à glis-
ser, qu'allez-vous faire? Lui tendre une main secou-
rable, pleine de pitié, de pardon, ou lui montrer un
poing gros de menaces?

Ne tenterez-vous pas, pour cette réserve du cerveau
humain, ce que vous faites pour la réserve de vos repas
hivernaux?...

Changez cet enfant de milieu, et choisissez intelligem-
ment celui dans lequel vous le replacerez. Mais gardez-
vous de violenter le jeune être. Vos violences sur sa
faiblesse ne pourraient faire germer que la peur, qui
est la pourvoyeuse de toutes les hypocrisies; ou votre
implacabilité sur ce cerveau en ébullition ne ferait
certainement que mûrir toutes les révoltes aveugles
et dangereuses pour la Société.

Combien de fois ai-je donné, répété, rabâché ces conseils aux directeurs d'agence, au cours de mes inspections annuelles!

Conseils perdus!

Toutes les maisons de correction, refuges pour indis-
ciplinés, sont remplies de « petits Parisiens » tout éton-
nés de se trouver en semblables lieux, pour des causes
qu'ils ne soupçonnent même pas.

Et puis, soit! ils étaient méchants, vicieux, intrai-
tables, ils causaient mille tracas à leurs parents nourriciers ou à leurs patrons, et pour les moraliser, vous
les jetez dans un milieu plus perverti, plus corrompu
encore!

C'est comme si vous vouliez rendre plus mangeable
le fruit que le ver commence à ronger, en le mettant
dans le tas aux pourritures! Folie, n'est-ce pas?

Des volumes et des volumes, des milliers d'articles
aussi, ont été écrits sur le danger de la mise en correction, dans ces foyers de pestilence morale que l'on
nomme pénitenciers. Eh bien! rien ne peut convaincre
l'Assistance, cette vieille dame sourde et aveugle!

Contrairement au médecin qui donne ses soins les
plus assidus aux plus malades parmi ses clients, le
directeur d'agence n'a que colère et rigueurs au service
des malheureux irresponsables qui écornent les feuil-
lets du Traité de la civilité puérile et honnête. Que
serait-ce, grands dieux! si c'étaient ceux du Code!

Son plus grand souci est de se débarrasser du pelé,
du galeux, qui alarme quelque peu sa paresseuse
quiétude.

Est-ce qu'il est créé et mis au monde pour enseigner
la morale, lui? Il en a bien assez de l'enseigner à sa
femme et à ses propres gosses! Ce n'est pas pour un
malheureux traitement de cinq à six mille francs par
an qu'il s'imposera si lourde corvée supplémentaire.

— « Allons ! Oust ! et plus vite que ça, le petit gars,
« tu as fauté, ton nourricier en a assez de toi, il se
« plaint de ta mauvaise tête; toi, ton patron te trouve

« mou devant le turbin; toi, tu as reluqué de trop près
« le blanc jupon de la fille au fermier ou regardé dans
« l'œil la gentille bergerette, tout çà c'est pas des
« crimes, mais ça me cause des tracas, des écritures ;
« j'en ai assez, moi, de gribouiller des notes administra-
« tives, je ne puis passer mon temps à faire des
« enquêtes, à contrôler les dires des patrons, des amis
« du conseiller ou du député radical ; je ne veux pas
« me mettre mal avec mossieu le maire, ni recevoir
« des observations du sous-préfet. Tant pis, si ton nour-
« ricier n'est pas juste, si ton patron est trop exigeant,
« si le travail est au-dessus de ton âge, si la fille du
« fermier est par trop provocante et si, dans les yeux
« de la gentille bergère, s'éveillent toutes les juvéniles
« tendresses ! quand on est, comme toi, petit gars, un
« sans-famille, un sans-foyer, on doit avoir un carac-
« tère capable de tout supporter, des muscles rebelles à
« la fatigue, un cœur, enfin, réfractaire à tout ce qui est
« à la fois : parfum, mélodie et confiture dans la vie.
« Allons, oust! en correction! »

Et le petit gars, tout pleurnichant, fait son baluchon,
et se met, sous l'escorte de la gendarmerie, s'il vous
plaît, le pauvre ! en route pour la sombre prison, où
s'étiolera irrémédiablement, cette fois, ce qu'il y a de
beau, de généreux, de fort, en son cerveau et en son
cœur.

MAISONS DE REFUGE ET COLONIES
PÉNITENTIAIRES

Elles sont assez nombreuses les maisons de refuge pour le jeune âge, les colonies pénitentiaires agricoles surnommées par euphémisme — euphémisme gracieux surtout pour les intéressés — stations de préservation!

De mon temps, les enfants de tout âge y étaient expédiés, pour la moindre peccadille, de toutes les directions départementales. On en trouvait là, qui étaient à peine en âge d'aller à l'école, d'aucuns qui eussent pu y aller depuis longtemps et ne savaient ni A ni B; d'autres qui, sur le point d'être majeurs et de partir pour le régiment, ignoraient aussi complètement les premières notions de leur langue maternelle qu'un éléphant japonais.

La cause? Les trois quarts des surveillants de ces hospitalières maisons étaient crasseusement illettrés!...

Jolie préservation que l'ignorance! Singulier moyen de guérir des pelés que de les confier à des teigneux!

L'Assistance ne s'émeut pas le moins du monde, dis-je, de cette singulière tutelle exercée par ses directeurs départementaux sur les enfants que la misère lui lègue.

Les inspecteurs ont connaissance aussi de ces abus d'autorité, de ces sévices, mais la sage prudence leur dicte des réserves... Et, ma foi! je comprends cela, sans toutefois l'excuser. On n'a pas mauvaise tête dans l'Administration, et l'on n'y ose risquer, de gaîté de cœur, la dure révocation.

L'Assistance est un puissant rouage gouvernemental. Son directeur est un personnage solidement appuyé et par les conseillers généraux auxquels, en période électorale, il peut rendre — sans manquer à l'impartialité? — des petits services qui ne s'oublient pas, et par le préfet de la Seine qui, ayant d'abord et plus qu'en suffisance, d'autres chats à fouetter, désire vivre en bonne intelligence avec sa puissante voisine.

Que voulez-vous que l'inspecteur, délégué par le ministre, il est vrai, fasse contre de pareils potentats? Il n'est pas en acier fondu, cet homme, et le serait-il que, placé entre l'enclume administrative et le marteau préfectoral, il serait inévitablement brisé.

Il le sait, aussi se tient-il coi.

Voici la nomenclature des *maisons de Réforme* dont les portes s'ouvrent si facilement pour les malheureux parias coupables d'avoir buté sur la voie cahotique que leur a tracée l'inexorable Société :

1° Le quartier de la Petite Roquette;

2° La colonie pénitentiaire de Bologne (Haute-Marne);

3° Le quartier de réforme de la Salpêtrière;

4° L'école de réforme de Belle-Isle-en-Mer.

1° *La Petite Roquette.*

Les enfants assistés y sont envoyés — quartier de

la mise en correction paternelle, — en vertu d'une ordonnance rendue par le président du Tribunal civil de la Seine, à la requête de M. le directeur de l'Assistance publique agissant en qualité de tuteur légal. L'internement est motivé par l'indiscipline et le vol. Il varie de un mois, *minimum très rarement appliqué*, à six mois ! Au delà, une nouvelle ordonnance est nécessaire.

(Je cueille cette note dans un récent rapport général et annuel de MM. les inspecteurs du service des Enfants Assistés. Ce « minimum très rarement appliqué » visant de pauvres hères, sans famille, sans éducation, à la conscience vague, sans responsabilité morale, par conséquent, dépeint bien la singulière philanthropie de ces fonctionnaires-tuteurs !)

Le prix de la journée payée par l'Administration est de 0 fr. 60.

2° *La colonie pénitentiaire de Bologne.*

Cet établissement est situé en pleine campagne. Les assistés y vivent en promiscuité avec les détenus qu'y entretient l'Administration pénitentiaire du Ministère de l'intérieur.

L'internement des pupilles de l'Assistance est motivé par des évasions répétées, des actes d'insubordination vis-à-vis des nourriciers ou des patrons.

Mais avec quelle facilité, Messieur les directeurs d'agence réclament ces mesures outrancières, et pour les obtenir grossissent les légères peccadilles jusqu'à leur

donner une apparence quasi-criminelle! je le démon-
trerai plus loin.

Les rapports administratifs présentent cette colonie
pénitentiaire comme une école industrielle et une fabrique de coutellerie. « Organisée militairement, elle
est basée sur l'extrême division du travail et encadrée
dans un nombreux personnel de contre-maîtres habiles
et bien rémunérés. Les pupilles de l'Assistance publique
qui y sont internés (enfants assistés, enfants moralement abandonnés) sont placés sous la surveillance du
directeur du service des Enfants moralement abandonnés à Troyes. Le prix de la journée payé par l'Administration est de 1 fr. 50 par élève, la maison fournis-
sant le trousseau d'entrée.

« La moyenne du séjour des enfants assistés est de
8 à 9 mois. Leur travail à l'atelier est rémunéré comme
celui des autres ouvriers de leur âge ; *mais ils restent
trop peu de temps dans cet établissement pour qu'il
leur soit permis d'amasser un pécule* ; ils gagnent, en
moyenne, 0 fr. 10 par jour, somme diminuée par les
amendes : la moitié de ce salaire est laissée à la dispo-
sition de l'élève, l'autre moitié remise au directeur de
l'agence de Troyes, qui la verse à la Caisse d'épargne.

« *Si au point de vue professionnel les résultats sont
à peu près nuls*, au point de vue moral j'estime qu'ils
sont assez satisfaisants, » conclut l'inspecteur.

Puisque, de l'aveu officiel, il est constaté que les
pupilles de l'Assistance ne peuvent tirer aucun avantage
matériel ni professionnel de leur séjour à la colonie de
Bologne, pourquoi persiste-t-on a les y envoyer?

A quoi sert ce *nombreux personnel de contre-maîtres habiles et bien rémunérés*, sinon à grever inutilement le budget et grossir l'armée, si innombrable déjà, des parasites de l'État !

3° *Le quartier de Réforme de la Salpêtrière, à Paris.*

La section Marcé, à la Salpêtrière, est le quartier de réforme affecté aux jeunes filles indisciplinées, depuis le 15 décembre 1891.

« L'École est administrée par l'Assistance publique, avec le concours d'une commission de surveillance composée de conseillers généraux; elle est rattachée au service de la division des Enfants assistés, sous cette réserve que le directeur de la Salpêtrière a la surveillance immédiate du personnel administratif secondaire. Des soins spéciaux sont dispensés aux élèves par M. le docteur J. Voisin.

« La durée moyenne du séjour est d'une année, et le prix de la journée fixé à 2 fr. 40. Les élèves reçoivent le trousseau d'enfants assistés fourni par le magasin central, avec cette particularité que les robes sont toutes de la même couleur.

« Les élèves internées sont occupées à la cuisine, à la buanderie, à des travaux de couture. Elles confectionnent, à l'ouvroir, sous la direction d'une suppléante, les divers articles composant les trousseaux d'enfants assistés : leur gain journalier s'élève, de ce chef, à 0 fr. 75 ; mais le montant des sommes ainsi gagnées ne leur est remis qu'à leur sortie de la maison.

« En ce qui touche l'instruction primaire, les élèves sont réparties en deux divisions : il leur est fait, par une institutrice attachée au quartier de réforme, 3 heures de classe par jour; l'enseignement de la 1re division, dite supérieure, comporte les matières du certificat d'études primaires.

« Tous les dimanches, le directeur de la Salpêtrière se rend au quartier de réforme et donne lecture des notes méritées pour la conduite ou le travail, en adressant à chaque élève, suivant les cas, des remontrances ou des félicitations; après quoi, il procède à des lectures instructives et morales. Enfin, tous les quinze jours, le directeur des Conférences populaires vient faire des entretiens familiers sur des sujets historiques.

« Quant au régime disciplinaire, il consiste principalement en punitions légères : dans les cas graves, la mise en cellule est appliquée, mais elle doit être visée par le médecin. Il existe deux cahiers de punitions, l'un pour la classe, l'autre pour le service. Il se produit, d'ailleurs, peu d'actes d'indiscipline susceptibles d'être signalés, les élèves étant généralement dociles et laborieuses.

« Enfin, ajoute l'inspecteur, lorsqu'elles sont sur le point d'être majeures, les élèves sont renvoyées à l'hospice de la rue Denfert-Rochereau qui, par un prochain convoi départemental, les rapatrie dans l'agence originaire où, lors de la cessation de la tutelle légale, elles peuvent se placer à leur guise. »

Pourquoi les renvoyer ainsi dans une agence hostile, dans une région où leur indiscipline est notoire, où le

souvenir des rigueurs administratives qui les ont
atteintes subsiste toujours ? N'est-ce pas rendre leur
rentrée dans la vie libre plus difficile, les exposer pour
longtemps encore aux suspicions patronales?

Puis, les occupations auxquelles elles ont été soumises
durant leur internement, les travaux appris, l'instruction reçue ne rendent-ils pas ces jeunes filles plus aptes
à la domesticité de la ville qu'à la rude servitude des
champs ?

Pourquoi l'Assistance publique, qui a imposé sa tutelle, qui a peut-être, que dis-je, qui a souventes fois
violenté les goûts, les attractions naturelles de ses pupilles, les a obligées à suivre telle voie plutôt que telle
autre, faussant ainsi leur vocation, les abandonne-t-elle
ensuite au seuil de cette nouvelle vie libre qu'elles ignorent, dans laquelle elles n'entrent qu'avec de douloureuses et multiples appréhensions?

Ne devrait-elle pas faciliter leurs débuts, assurer leur
placement immédiat? Chaque jeune fille, à sa majorité,
ne devrait-elle pas trouver ouverte la porte d'un logis
patronal, où, suivant ses capacités, elle recevrait le gain
qui lui est dû, où sa vocation pourrait, sans entraves,
s'affirmer, suivre paisiblement son cours ?

4° L'École de réforme de Belle-isle-en-Mer (Morbihan).

Sa création fut approuvée par une délibération du
conseil général de la Seine, à la date du 24 décembre 1892.

Elle ne diffère en rien des précédents établissements,

quant au mode de *réforme* qui, finalement, aboutit,
— les statistiques judiciaires nous le prouvent chaque
année, — à peupler les pénitenciers militaires et les
centrales de parias révoltés.

Révoltés, oui! contre l'injustice dont ils avaient
presque toujours été les victimes.

Dans un de ces bagnes infantiles, autrefois, j'ai
compté jusqu'à *quatre-vingts* enfants, dont les causes
de l'envoi en correction n'étaient pas connues, même
pas devinées par le directeur du pénitencier. Et il y
avait huit ou dix ans que la plupart d'entre eux y végé-
taient, abandonnés de tous et plus particulièrement
encore de l'Administration.

A Porquerolles, à Montévrain on y brutalisait les petits, comme si les violences n'avaient pas pour inévitable
et plus ou moins lente conséquence, le rapide développement de tous les instincts, au détriment du cérébral !

J'ai signalé à l'assistance ce fait incroyable :

Un jour, dans une de ces maisons de refuge, située
dans l'agence de Rennes je crois, je rencontrai une fillette de *six ans*, plus douce, plus gentille que ne le furent
jamais, j'en suis sûr, en leur enfance, les plus distinguées
féministes. Elle y avait été envoyée sur la fin de sa
cinquième année !

Tout surpris de trouver en pareil lieu, en telle compagnie, ce bébé qui pleurait à chaudes larmes sa liberté,
ses petites camarades perdues, j'interrogeai le directeur
de l'agence sur la cause de ce précoce internement et
voici textuellement ce qu'il me répondit avec une formi-
dable insouciance :

— Je l'ai mise en correction parce que dans toutes les familles nourricières où je l'avais placée successivement, elle a jeté le trouble, semé la discorde avec sa mauvaise langue !...

Je pris la fillette par la main, l'emmenai d'office et portai plainte contre le fonctionnaire aussi stupide qu'inhumain. L'Assistance mit ma dénonciation au panier, naturellement !

Le conseil général du département de la Seine, composé de farouches radicaux, de non moins farouches socialistes, et de terribles révolutionnaires, si dévoués au peuple, ne daigne pas s'occuper, cependant, de la façon dont on traite ses petits à l'Administration d'en face. Les intrigues politiques... le souci de la réélection... Farceurs !

HOPITAUX SPÉCIAUX

Pour le traitement de la teigne, quatre hôpitaux départementaux reçoivent les élèves qui en sont atteints.

Ce sont ceux de Château-Chinon (Nièvre); Domfront (Orne); Frévent (Pas-de-Calais); Celles-sur-Cher (Loir-et-Cher).

L'*épilation*, la *calotte* sont les modes de traitement ordinairement mis en pratique, excepté à l'hôpital de Château-Chinon, où les applications de teinture d'iode sont couramment employées.

De cinquante à soixante enfants sont annuellement traités dans ces hôpitaux, le nombre total des journées qu'ils y passent varie de mille à douze cents; la dépense journalière est de un franc, un franc vingt-cinq, et un franc cinquante; la dépense totale approche de treize mille francs.

**

Le traitemi. ʰermal des affections suivantes : rhumatismes, névroses, lymphatisme, dyspepsie, anémie, etc., s'effectue à Bourbon-Lancy, dans Saône-et-Loire, à Bourbon-L'Archambaut, Néris et Vichy (Allier).

Le prix de la journée varie entre 1,50 et 2 francs. La dépense totale annuelle est de un millier de francs.

Les scrofuleux sont envoyés dans les établissements maritimes de Berck, dont je parlerai longuement plus loin, puis à l'hôpital de Frévent. Ces malades n'ont que des manifestations simples (tuberculose externe, rachitisme).

A Berck, près de trois cents enfants sont admis chaque année (maisons Bouville et Parmentier).

Les frais totalisés montent à près de soixante mille francs.

A la maison Macquet, de Bercy, on soigne les jeunes filles assistées, hors pension, faibles de constitution, placées en apprentissage; elles y apprennent la couture ; mais la débilité de leur état ne s'accommode pas du tout, paraît-il, de ce genre de travail. Alors, comment se fait-il que l'Assistance, qui en convient-elle même, ne le remplace pas par un autre plus approprié à la santé de ses pupilles ?

A l'hôpital de Vendôme, on enraie la chute des cheveux et des sourcils avec quelque succès. Le prix de la journée n'y dépasse généralement pas 1 fr. 50.

Les enfants idiots, épileptiques, atteints d'aliénation mentale sont répartis dans divers asiles :

A Alençon (Orne)— La Charité (Nièvre) — Le Mans (Sarthe) — Saint-Vincent (Pas-de-Calais) — Sainte-Catherine (commune d'Izeure, Allier). La pension y varie de 1 fr. 40 à 1 fr. 60. L'établissement d'Arras est spécialement affecté aux jeunes aveugles et aux sourds-muets; le personnel infantile des deux sexes est de 30 à 40 élèves.

Voici l'extrait d'un rapport officiel sur cet asile :

« La maison, tenue par des religieuses, très bien tenue, du reste, est soumise au contrôle d'une commission de surveillance nommée par M. le préfet du Pas-de-Calais. Le Dr Germe, en même temps titulaire d'une circonscription dans l'agence d'Arras, en est le médecin et le directeur. Le prix de la pension est fixé à 400 francs par an, et, moyennant une contribution de 200 francs une fois donnés, l'établissement prend en charge l'entretien des élèves jusqu'à leur majorité, compris les dépenses effectuées pour achat d'instruments de musique. Les garçons et les filles sont séparés dans des divisions distinctes. Le régime alimentaire est satisfaisant. Très rares, les punitions sont peu sévères ; des ré.ompenses sont données sous forme de sou de poche ou d'objets divers. Le service de santé est assuré par des visites hebdomadaires, visites plus fréquentes en cas de maladie, et les médicaments sont fournis moyennant un abonnement fixe de 400 francs par an, quel que soit le nombre d'élèves malades. Il existe 3 infirmeries, 2 pour les garçons (une pour les aveugles, une pour les sourds-muets) et une pour les filles (aveugles et sourdes-muettes confondues).

« En même temps que l'instruction primaire, un enseignement professionnel est donné aux élèves : il consiste, pour les aveugles, dans la musique principalement, dans la vannerie et le rempaillage des chaises ; pour les sourds-muets, dans la cordonnerie et la boulangerie ; les résultats en sont assez satisfaisants, en ce sens, que les meilleurs sujets sont mis en état de gagner leur vie. »

Ce qu'omet de dire le rapporteur, c'est qu'à leur majorité les élèves, privés de la tutelle de l'Administration et de l'État, deviennent les serfs de la dite maison qui, pour une rémunération dérisoire, en admettant même qu'elle la leur serve, ce qui est fort douteux, les emploie pour toutes les dures et basses besognes. Tel est l'avenir de ces parias de la Nature et du Sort !

HISTORIQUE DE BERCK-SUR-MER.
SON VÉRITABLE FONDATEUR

Je vais exposer, le plus succinctement possible, l'origine de Berck comme station de bains de mer, son développement progressif, la création de ses divers hôpitaux, le genre de traitement affecté aux pupilles de l'Assistance et les résultats obtenus.

La création de la station hospitalière de Berck est due à **M. Jules Frère**, ancien instituteur à Maubeuge (Nord), appelé en 1856 à la direction du service des enfants assistés de Montreuil-sur-Mer. Aimant les enfants, ayant beaucoup vécu au milieu d'eux, dès qu'il fut installé à son nouveau poste, il se sentit douloureusement ému à la vue des misères infantiles qui pleuvaient drû sur sa petite colonie : ce n'étaient qu'affections chroniques, scrofulisme, rachitisme, lymphatisme. Il résolut, aussitôt, d'apporter quelque remède à l'état de son malheureux personnel, en recourant à l'action hydrothérapique de la mer.

Nul avant lui n'avait eu l'idée d'utiliser les magnifiques plages de Berck et de Groffliers, qui s'étendent à perte de vue, dont l'accès est rendu si facile par l'absence de tous galets, où l'action de la mer est si saine, si vivifiante et d'autant plus praticable que cette partie du littoral est totalement dépourvue de falaises.

En 1857, c'est-à-dire quelques mois après son installation à Montreuil, il tentait une première cure sur quelques jeunes infirmes et sur une fille hémiphlégique, âgée de dix-neuf ans, dont l'affection avait résisté, jusqu'alors, à toute espèce de traitement.

Il les plaçait moyennant 15 francs par mois à Groffliers. chez une vieille et brave femme, la veuve Déchamel, laquelle s'engageait à conduire ses pensionnaires deux fois par jour à la plage.

Après six mois de traitement, les assistés étaient radicalement guéris. La jeune fille, jadis paralysée, est aujourd'hui petite sœur des pauvres à Abbeville.

En 1858, la veuve Déchamel était obligée de quitter Groffliers ; alors M. Frère trouvait à Berck une autre femme, Mme Brillard, qui habitait la seule cabane qui fût sur la plage. Avec l'autorisation du directeur général de l'Assistance, qui voulait encourager les essais heureux de son agent, le chef de service de Montreuil confiait à cette femme trente infirmes des deux sexes, lesquels devaient être soumis, durant la belle saison, au régime précédemment indiqué.

En 1860, l'Administration, sur le rapport du directeur et du médecin constatant l'amélioration sanitaire des enfants assistés venus de Paris et de diverses autres circonscriptions, facilitait à la veuve Brillard l'agrandissement de son local et portait à soixante le nombre de ses pensionnaires (trente garçons et trente filles). Trois religieuses franciscaines du monastère de Calais venaient, sur la demande de l Administration générale, s'adjoindre à Mme Brillard, pour soigner et panser les petits souffreteux que le médecin visitait deux fois par semaine, moyennant un traitement annuel de quinze cents francs.

Berck était fondé. Son importance allait croître rapidement.

L'année suivante, l'Assistance publique, suffisamment édifiée sur l'efficacité des bains de mer, faisait étudier par son représentant les différentes stations de la côte, et lui commandait l'installation de cent élèves des deux sexes, dans un petit hôpital en planches construit à ses frais sur un terrain d'une superficie de trois hectares, acheté à l'administration des Domaines, puis en confiait la direction à M. Frère, à qui elle adjoignait dix religieuses franciscaines, dont une supérieure, ainsi qu'un commis chargé plus spécialement des services de l'agence de Montreuil et de la comptabilité.

Aux termes d'un traité passé entre le directeur général de l'Assistance publique et la supérieure générale de l'ordre des Franciscaines, sis à Calais, le nombre des religieuses fournies par la Maison-Mère ne devait jamais être inférieur à dix et moyennant un prix de 1 fr. 15 par enfant et par journée, la communauté s'engageait à nourrir, soigner, blanchir, chauffer les enfants infirmes.

Bientôt, aux enfants assistés en traitement, se joignirent des enfants de familles nécessiteuses, envoyés par la Ville de Paris; et sur la demande des médecins des deux hôpitaux installés sur la dite plage, l'Administration consentait immédiatement à ce que soixante-dix lits sur cent fussent réservés aux malades de ces deux hôpitaux ; un an après, elle portait ce chiffre à quatre-vingt-cinq.

Toujours victimes, les pauvres assistés, toujours lâchés par leur marâtre, la vieille dame entretenue par la Cité!

Fort heureusement pour eux, leur père adoptif n'était pas d'humeur à les laisser à la merci de la gourgandine.

Il protesta : Pourquoi cette expulsion des enfants assistés sur lesquels, durant six ans, des expériences avaient été tentées à leurs risques et périls? N'étaient-ils donc pas chez eux, ces petits? N'était-ce pas avec leur budget que le minuscule hôpital avait été construit? Tout l'affirmait cependant : la direction et l'administration de cet établissement, confiées à M. Frère, son droit de veto durant des années, l'homogénéité du personnel infantile, etc.

L'Assistance publique ne voulut rien entendre; elle maintint sa décision, et les petits qu'elle assistait si parcimonieusement durent chercher un autre gîte.

M. Frère découvrit encore à Groffliers une femme assez bien installée pour recevoir trente enfants, et il les lui confia.

Le petit hôpital maritime de cent lits, construit en bois, à la limite de la dernière baisse de mer et sur trois hectares de dunes, terrain très accidenté, était exposé aux coups de vent, et par conséquent à un ensablement inévitable.

Pour obvier à cet inconvénient, à ce danger permaùent même, c'est-à-dire pour déblayer, pour enlever le sable qui, à certains mois de l'année, *encombrait la façade et les cours de cet établissement à plusieurs mètres de hauteur*, l'Administration, conseillée par lo directeur de Montreuil, plaça à l'extrémité de la plage, chez un particulier avec lequel des arrangements avantageux furent conclus, dix grands garçons, puis bientôt quinze, enfants assistés de dix-huit à vingt ans, valides, mais enragés nomades, venant pour la plupart des colonies pénitentiaires, notamment de Bradières (Vienne).

Ces grands élèves, munis de pelles et de brouettes, étaient constamment occupés autour de l'hôpital, soit à enlever le sable qui en obstruait les issues et les cours, soit à niveler une partie des trois hectares précités et à en cultiver la partie abritée, convertie en potager.

Leur logeur, ancien brigadier des douanes, les accompagnait et dirigeait les travaux.

Enfin, l'Assistance publique, de plus en plus satisfaite des résultats spontanés obtenus sur la plage de Berck, décida la construction d'un établissement pouvant recueillir six cents enfants. L'érection de ce vaste hôpital dura trois ans. En juillet 1869, il était solennellement inauguré en présence de l'impératrice et du prince impérial. On lui donna le nom de *Grand Hôpital Napoléon.*

Toutes ces créations sont dues à la volonté puissante, à l'énergie, à la patience admirable de M.Frère.

Où il n'existait pas même une cabane, des centaines de chalets s'élèvent aujourd'hui; où n'apparaissaient que de rares pêcheurs, une population riche venue de tous les points du globe prend ses joyeux ébats aujourd'hui sur la plage; où il n'y avait rien on trouve maintenant, à chaque pas, des hôtels splendides, des hôpitaux immenses, toutes les recherches du confort, tous les raffinements du luxe.

Seul, on peut le dire et le dire bien haut, M. Frère a semé; des milliers, à cette heure, récoltent.

Œuvre humanitaire, toute rayonnante de philanthropie, toute semée d'abnégation, de déboires, de fatigues.

Œuvre durable et qui vaut à son fondateur l'admiration et la reconnaissance des malheureux, des philanthropes : de tous ceux qui souffrent, de tous ceux qui aiment.

. . . .

. . . .

— Mais alors, dites-vous, qu'est devenu ce brave M. Frère? Il est bien nanti, bien honoré, et il jouit de la considération de ses anciens maîtres?

— M. Frère, braves gens, après avoir rempli dignement son œuvre, a été mis au rancart comme un propre-à-rien. L'ingratitude de sa maîtresse, l'inhospitalière Parisienne, depuis longtemps le laisse froid, très froid. Il dort dans la paix de l'éternel oubli!

**

Lorsque le grand hôpital de Berck — hôpital *Napoléon* — fut construit, puis inauguré en grande pompe en présence de tout le gratin officiel, que son véritable fondateur, M. Frère, fut très gratuitement remercié et cavalièrement mis à la porte; lorsqu'enfin tous les petits assistés maladifs, après avoir fait expérimentalement et pécuniairement les frais de l'essai médico-balnéaire, comme leurs protecteurs durent abandonner, en grande partie, la maison dont ils avaient, grâce aux ressources de leur budget, assuré la construction, l'Assistance publique, un moment, fut perplexe et se demanda ce qu'elle allait faire de cette colonie de syphilitiques, d'infirmes, de scrofuleux.

Décemment, elle ne pouvait abandonner ces souffreteux le derrière entre deux vagues. Ce n'est pas que sa pitié fût grandement sincère; mais, bien que cet expédient fût très économique, qu'en diraient l'opinion, si facilement grincheuse, et le conseil municipal au sein duquel grondait déjà l'hydre de la révolution? Il lui fallait donc pourvoir, immédiatement, aux premières nécessités de son personnel maladif.

Mais le budget de ses enfants, pris sur les revenus départementaux et alimenté par les dons et fondations philanthropiques, était à sec.

Construire un nouvel asile? C'était impossible. Et cependant chaque jour, de toutes les directions départementales, les chefs de service expédiaient vers la plage de Berck, dont la renommée leur avait vanté les vertus sanitaires, de nombreux convois d'enfants rachitiques.

Il était urgent d'assurer tout au moins un gîte à ces nouveaux et quotidiens malades. Que faire? C'est alors que l'Administration aux abois recourut une fois encore au dévouement de ce brave M. Frère et lui donna l'ordre de placer ces infortunés chez des particuliers.

Le fondateur de Berk oublia ses rancœurs, ne vit dans cet ordre administratif qu'une occasion de se rendre utile aux petits malheureux qui, arrachés à sa tutelle, couraient tous les risques de l'abandon, et sans jamais se lasser, sans nul souci de l'ingratitude gouvernementale qui ne manquerait pas de couronner encore ses nouveaux efforts, il recommença ses démarches et eut la joie, la seule, de les voir couronnées de succès.

Ces placements par groupes, chez des particuliers, durèrent douze ans, jusqu'à l'arrivée, à la Direction générale, du fameux X...

Celui-ci n'avait pas l'imagination aussi vide que les poches, aussi se promit-il, au lendemain de son installation dans la place qu'un ami, célèbre politicien, avait mise à sa discrétion, de prouver qu'il était l'organisateur attendu, le messie sur l'œuvre duquel l'Assistance publique pouvait fonder toute sorte d'espérances.

Un gai jour de printemps, alors que les moineaux et les gentilles moinelettes se disaient de douces choses sous la feuillée de l'Avenue Victoria, l'ancien bohême, devenu ventripotent, se reposait en de mols coussins, après laborieux manger; il se sentit devenir tout chose, pour un peu il eût ramassé son cœur avec une cuillère, tant ce viscère saignait à la pensée qu'en si jolie et brillante saison il pouvait y avoir place pour l'ingratitude humaine.

Il fit mander en toute hâte M. Frère, son subordonné dont la présence à Paris lui avait été signalée le matin même; il l'accueillit avec une rondeur séduisante, et lui tint ce discours :

« Depuis de longues années; mon pauvre ami, l'Ad-
« ministration s'est constamment montrée ingrate envers
« vous. Il est grand temps de réparer ses injustices.

« Je ne vous rendrai certes pas la direction de ce mer-
« veilleux hôpital de Berck, dont nous vous devons la
« création; car je ne saurais, sans manquer au plus
« saintes traditions administratives, revenir sur les
« décisions de mes honorables prédécesseurs; mais je
« veux vous mettre à même de prouver une fois de plus
« à mon Administration, à la population souffreteuse,
« infirme, votre inépuisable esprit de dévouement et
« de sacrifice. Sur toute la côte votre influence est
« grande. Vous y jouissez d'un crédit moral sans limite.
« Où nous échouerions, nous, administration, vous êtes
« certain, vous, de réussir.

« Eh bien! tentez d'accomplir la nouvelle prouesse
« humanitaire que je vais vous signaler et la croix
« d'honneur que vous avez si largement méritée —
« et que je réclamerai à bref délai pour mon chef de
« division du service des Enfants Assistés, car il faut
« toujours tenir compte de la hiérarchie — pourra un
« jour... plus tard, rougir votre boutonnière.

« Dites aux riches particuliers de la plage que
« nous favoriserons toute entreprise qui aura pour
« but de parer largement à la défectueuse orga-
« nisation de notre service sanitaire hospitalier; que

« s'ils emploient leurs capitaux à l'érection de nouveaux
« bâtiments, nous nous engageons, par traité, à leur
« envoyer des malades, à leur fournir le personnel mé-
« dical nécessaire, à tout faire, en un mot, pour assurer
« la vitalité à leur œuvre. Pour cette mission, ma
« parole vous suffit largement, n'est-ce pas... Allez
« donc! »

M. Frère, qui ne tenait pas beaucoup aux distinctions
honorifiques, sachant le cas que le gouvernement lui-
même en faisait, mais qui gémissait sur le sort précaire
de sa petite colonie depuis son expulsion de l'hôpital,
reprit le chemin de Berck, heureux d'emporter les pleins
pouvoirs directoriaux.

La première personne à laquelle il s'adressa accueillit sa proposition.

Quelques mois après, la plage de Berck comptait
deux nouveaux hôpitaux, privés ceux-là, et affectés
exclusivement aux assistés de la Seine : l'un pour les
garçons, l'autre pour les filles, dirigés tous deux par
M. Cornu, propriétaire.

J'ai lu les rapports faits sur ces deux établissements
par l'inspecteur général du service des Enfants Assistés.
Ces rapports faisaient l'éloge de la double direction
Cornu.

Le nombre d'enfants guéris sortant, annuellement,
de ces asiles dépassait de beaucoup celui du grand
hôpital concurrent; l'instruction donnée aux élèves
semblait parfaite.

La cure physique était complétée par la cure morale.
Double résultat.

Comme en tout temps, M. Frère restait à la hauteur de la tâche que son supérieur, le lécheur des bottes dictatoriales, lui avait dictée. Il avait eu quelques soucis, il est vrai, en s'engageant personnellement à tenir les promesses de son Administration. Car en somme les engagements de celle-ci n'étaient que verbaux, et il avait dû, lui, pour vaincre au début les hésitations de Cornu, donner sa parole d'honneur et même quelques garanties sonnantes. Qu'arriverait-il, si, à Paris, pour une de ces considérations si faciles à germer dans l'imagination fertile des administrateurs malins, on ne voulait plus, certain jour, reconnaître la parole donnée. Si on allait déposséder Cornu?

Ce serait l'écroulement de son œuvre, le naufrage de sa vie probe, désintéressée, la ruine pour les siens, la misère morale et matérielle.

Mais, vaine crainte! cela n'était pas possible... et l'œuvre réalisée à son gré, M. Frère était heureux une fois de plus.

Cependant, à l'hôpital maritime, on jalousait le service de M. Frère. Entre les deux établissements : administratif et privé, il y avait concurrence, et concurrence malheureuse. Et la comparaison n'était pas en faveur du *Grand Hôpital Napoléon*. Il fallait donc combattre l'hospitalisation Cornu. On recommença contre le directeur ce que l'on avait fait contre M. Frère. On sapa son crédit, on le calomnia auprès de l'Administration centrale, tant et si bien que, sur les deux cents pensionnaires que celle-ci lui avait confiés, elle lui en retira cent cinquante, en moins d'un an.

Lorsque je fis l'inspection des hôpitaux de Berck, je détaillai dans un rapport au préfet et au conseil général les avantages multiples que l'on tirait journellement de l'organisation Cornu ; des médecins qui étaient allés étudier sur les lieux l'installation, le régime alimentaire et médical, conclurent en faveur de la création Frère, et firent démarches sur démarches pour enrayer l'œuvre inique de dépopulation.

Démarches, rapports, protestations, considérations humanitaires n'eurent aucune prise sur l'autorité centrale.

L'Administration résolut de fonder sur d'autres plages de nombreux hôpitaux, après avoir fermé successivement ceux dont les propriétaires se montraient par trop sourds à ses « prétentions ».

Et dire qu'il y a des gens assez grincheux pour oser douter de la bonne foi administrative !

***

Ah ! combien l'assistance privée a plus d'initiative, de prévoyance et de pur désintéressement ! Voyez ce qu'en peu d'années un homme de bien, un philanthrope qui, pour son inlassable altruisme, est considéré comme l'une des rares providences de la grande Cité, voyez ce que Xavier Ruel, conseiller municipal, *le papa Ruel*, comme on l'appelle si justement, a su magnifiquement créer, avec le seul mais si dévoué concours de son gendre M. Viguier, sur la belle voie de la solidarité sociale ! Son dispensaire, à Paris, et sa maison de convalescence

à Cannes, sont des modèles du confort hospitalier, des oasis bienfaisantes où, annuellement, viennent recouvrer la santé, reprendre l'espoir en des lendemains moins ternes, des légions de souffreteux que l'âpre lutte pour la vie a épuisés ou meurtris.

Voilà de nobles exemples que l'on vous donne, ô Assistance officielle !

EXPLOITATION PATRONALE

Voici quelles sont les *obligations spéciales* des patrons envers les élèves de treize à vingt et un ans.

Les patrons s'engagent :

1° A ne pas occuper l'élève à des travaux au-dessus de ses forces, et à surveiller constamment sa conduite et ses mœurs ;

2° A lui faire fréquenter l'école jusqu'à l'âge de treize ans révolus, à moins que l'élève ait obtenu le certificat d'études primaires ;

3° A ne pas le renvoyer de chez eux, et dans le cas où ils auraient à se plaindre de sa conduite, à en prévenir le directeur de l'agence qui en référera à l'Administration avant de le renvoyer à l'hospice ;

4° A le remettre immédiatement entre les mains du directeur de l'agence dans le cas où ils en recevraient l'ordre, et ce, sans que l'Administration soit tenue de payer aucune indemnité.

Observations générales :

1° Traiter l'enfant avec bonté et douceur, sans jamais lui infliger aucune punition corporelle ni privation de nourriture ;

2° S'il est malade, en avertir le médecin de service dans les vingt-quatre heures ;

3° Ne point le remettre à une autre personne pour quelque cause que ce soit, sans l'assentiment du directeur de l'agence ou du médecin ;

4° Le représenter à toute réquisition du maire de la commune, du médecin de service, du directeur de l'agence ou de l'inspecteur de l'Administration ;

5° Dans le cas où les parents se seraient fait connaître, ne jamais correspondre avec eux, et donner au directeur de l'agence tous les renseignements qui leur seraient parvenus sur leur famille ;

6° Faire toutes les démarches nécessaires pour le retrouver, dans le cas où il s'évaderait, et donner dans les vingt-quatre heures connaissance de l'évasion au maire de la commune et au directeur de l'agence ;

7° Enfin, exécuter fidèlement toutes les conditions générales ci-dessus, ainsi que certaines autres conditions particulières spécifiées d'un commun accord et inscrites sur le livret de l'enfant, sous toutes les peines de droit et même de dommages-intérêts, s'il y a lieu, au profit de l'élève.

***

Sa treizième année révolue, l'enfant quitte donc l'école et sans retard va renforcer l'armée de la domesticité.

Dans les départements où les agences sont nombreuses, le patronat tire gros profits de ces contingents de jeunes garçons, qui, sur la place, amènent infailliblement la baisse des prix de location. Celle de l'enfant assisté coûte un tiers en moins que celle d'un travailleur libre, de même âge et de force égale. Aussi toute la petite culture est-elle envahie par les jeunes élèves de l'Administration.

Le livret de l'enfant contient tous ses certificats de placements patronaux, mentionne chacune des conditions particulières de la « louée », la durée de l'engagement, le montant du gage en argent, la réserve prélevée sur le gage pour la caisse d'épargne, réserve que le patron est obligé de verser lui-même entre les mains du directeur de l'agence, les différentes époques de paiement, enfin les fournitures en nature qui complètent le prix de location ou supplémentaires, achetées par lui et pour le compte de l'élève gagé, au cours de l'année et dont le prix devra être déduit du prix de location.

Tout versement d'argent fait par les nourriciers, par le patron ou par l'élève entre les mains du directeur de l'agence doit donner lieu, indépendamment de la remise d'une quittance à souche, à une inscription sur le livret de l'intéressé, inscription comportant la date du versement de ces fonds à la caisse d'épargne, les détails du compte, le montant du versement et la signature du directeur.

Les directeurs sont intègres, c'est entendu. Mais d'une intégrité administrative. Certes, jamais ils n'accepteraient le plus minime tant du cent sur le prix de la louée; mais ils savent fort bien se plier aux exigences

7

dé la situation, surtout lorsque la situation est représen-
tée par un gros fermier, un riche industriel, un homme
important de la ville, un légume officiel quelconque.

C'est curieux, comme, en cette circonstance, le personnage important sait, quelle que soit sa myopie
intellectuelle, découvrir des tares au petit postulant
domestique que lui offre l'Administration. Tares contre
lesquelles n'ose presque jamais protester le directeur.

Et quelle sourde oreille il met au service du petit
réclamant, lorsque celui-ci, accablé de besognes au-dessus de son âge, surmené par des patrons qui savent que
l'Administration, en cas de conflit entre l'employé et
l'employeur, se gardera bien de donner tort à ce dernier,
ose se plaindre timidement à son tuteur légal, le chef
de l'agence!...

Aussi de quelle besogne les accable-t-on!

Quand les assistés ont atteint l'âge de 21 ans, ils sont
dispensés, d'après l'article 160 du Code Napoléon, de
demander à l'Administration le consentement à leur
mariage et si leurs parents sont inconnus, il y a lieu de
faire, dans l'acte, la déclaration suivante indiquée par
l'avis du Conseil d'État du 4 thermidor an XIII.

« Le Conseil d'État :

« Considérant, etc., est d'avis 1°...

« 2° Que si les pères, mères, aïeux, dont le consentement au conseil est requis, sont décédés, et si l'on est
dans l'impossibilité de produire l'acte de leur décès ou
la preuve de leur absence, faute de connaître leur dernier domicile, il peut être procédé à la célébration du
mariage des majeurs, sur leur déclaration à serment

que le lieu de décès et celui du dernier domicile de leurs ascendants leur sont inconnus : cette déclaration doit être aussi certifiée par serment des quatre témoins de l'acte de mariage, lesquels affirment que, quoiqu'ils connaissent les futurs époux, ils ignorent le lieu du décès de leurs ascendants et leur dernier domicile ; les officiers de l'état civil doivent faire mention dans l'acte de mariage desdites déclarations.

« Le secrétaire général du Conseil d'État.

« *Signé* : J.-G. LOCRÉ.

« Approuvé au palais de Saint-Cloud, le 4 thermidor an XIII.

« *Signé* : NAPOLÉON. »

Les élèves qui n'ont pas 21 ans accomplis doivent, pour se marier, obtenir le consentement de l'Assistance et le jeune époux doit, pour ce, justifier qu'il a satisfait à la loi de recrutement ou faire connaître les motifs qui ne lui permettent pas d'attendre sa libération du service militaire.

Très fréquemment, l'Administration accorde une dot à ses pupilles, surtout lorsqu'ils se marient entre eux.

Enfin, aux termes de la loi sur le recrutement, les Enfants assistés et trouvés, placés sous la tutelle des commissions administratives des hospices, doivent être inscrits sur le tableau de recensement de la commune où ils résident au moment où ils concourent au tirage.

Les patrons qui ont charge de ces jeunes gens sont obligés d'indiquer aux autorités municipales les sujets en âge d'être appelés sous les drapeaux.

En cas de décès, le directeur en indique sommairement les causes, ainsi que les périodes de la maladie et l'opinion du médecin sur les soins donnés à l'enfant par les personnes auxquelles il était confié.

Puis je vous jure que le *resquiescat in pace* administratif n'est ni trop ému ni trop long !

⁎⁎

Un dernier mot : Le service sur lequel le nouveau directeur, M. le docteur Henri Napias, dont la valeur personnelle, la compétence en matière d'hygiène sociale, les travaux si appréciés sur l'hospitalisation, doit spécialement porter son attention, toute sa sollicitude éclairée par l'expérience, est celui qui centralise, ordonne et surveille les multiples rouages de la charité administrative et la répartition d'une façon équitable des secours aux indigents, aux filles-mères et aux enfants abandonnés.

L'œuvre est ardue, délicate, réclame de celui qui en accepte la responsabilité une grande clairvoyance, une initiative personnelle de toute heure et surtout une fermeté de caractère capable de résister aux influences du dehors, aux sollicitations, aux pressions intéressées des agents électoraux, à l'immixtion souvent si importune de certains clans politiques qui rêvent de se servir du riche budget de l'Assistance, qu'alimentent et l'État et le département de la Seine, et les toujours croissantes subventions des particuliers, comme munitions de luttes électorales. Il est si difficile de satisfaire complètement, en même temps que les ayants droit, les protégés des

mairies, des bureaux de bienfaisance et des comités
électoraux ! Il semble qu'au fur et à mesure que s'ar-
rondit le budget de l'Assistance, déjà gras d'une tran-
taine de millions, s'exagèrent les sollicitations de l'édi-
lité parisienne. Si l'intérêt de celle-ci ne se portait que
sur les indigents, sur les vrais malheureux qu'écrase
l'aveugle sort, sur ceux qu'abat la maladie et que ronge
en même temps la détresse ou la misère, il n'y aurait
qu'à puiser au coffre qu'emplit l'inaltérable solidarité
et à donner sans hésitation, sans lésinerie; mais il n'en
est pas toujours ainsi, et l'abus que font de leur influence de nombreux élus est évident.

A de certaines époques, les bureaux de bienfaisance
ont tendance à se transformer, affirme-t-on, en agences
électorales; ils subissent, sans oser protester, les exigences de personnalités politiques.

Si le fait est vrai, M. le docteur Napias devra réagir,
fermement, contre de tels abus. La charité publique,
dont il est le représentant, le fondé de pouvoirs, ne saurait avoir d'apitoiement que devant la réelle infortune,
et ses mains tendues à droite et à gauche, impartiale-
ment, doivent s'ouvrir.

FIN

TABLE DES CHAPITRES